L'Univers est parmi nous

L'Univers est parmi nous

Messages canalisés par Valérie Francescani

Illustrations : Encira

Édition : BoD · Books on Demand GmbH, In de Tarpen 42,
22848 Norderstedt (Allemagne)
Impression : Libri Plureos GmbH, Friedensallee 273,
22763 Hamburg (Allemagne)
Dépôt légal : Octobre 2024

ISBN : 978-2-3225-5122-4

A tous les êtres en chemin.

Remerciements

Aux êtres lumineux qui m'ont confié ces messages.

*À Encira, un être très cher à mon cœur depuis toujours,
qui a accepté de les illustrer.*

*À Sev Edene, qui m'a encouragée à les publier
et qui me soutient dans mon cheminement spirituel.*

*À mon époux, à mes enfants, Julien et Alexandre,
qui m'ont permis d'être qui je suis aujourd'hui.*

*À mon père,
qui m'a appris l'Amour inconditionnel.*

Introduction

L'Amour inconditionnel est le plus beau cadeau que l'on puisse recevoir.

C'est le plus pur Amour. Celui que l'on retrouve dans le Ciel. Celui qui vous donne des ailes. Celui qui te dit : « Quoi que tu fasses, je t'aimerai. Je serai là pour toi et ne te demanderai rien en retour. » C'est l'Amour d'un parent pour son enfant ; l'Amour d'un chien pour son humain ; l'Amour de cette divine énergie à l'origine de nos vies.

Cet Amour-là, je l'ai reçu de mon père terrestre et le reçois encore aujourd'hui de mon Père céleste. Il me porte, ne juge pas, m'accompagne dans tous mes choix.

Cet Amour est partout. Ce livre est une invitation à vous relier à vos cœurs, pour vous abreuver à sa source et goûter sa saveur…

Le 21 janvier 2024, j'ai canalisé ce message : « *Ce que tu reçois, il faut le donner. Les messages que tu reçois sont destinés à l'humanité. Il est temps de les éditer, de les diffuser. L'humanité en a grand besoin en ce moment pour traverser la tempête qui commence.* »

C'est ainsi qu'est né cet ouvrage.

Tous les textes qu'il contient m'ont été confiés pour vous, même l'avant-propos.

Vous remarquerez peut-être que les textes ne sont classés ni par ordre chronologique, ni par thème. L'ordre aussi m'a été transmis ! Et si vous y prêtez attention, vous serez sûrement, comme moi, émerveillé(e)…

Ni sommaire, ni table des matières…

Cet ouvrage ne contient ni sommaire, ni table des matières, pour laisser l'Univers, la Source*, Dieu, le « hasard » vous guider dans votre lecture ; et ainsi éviter que votre mental n'intervienne dans le choix du texte que vous lirez.

Je vous invite à le feuilleter et lire le texte qui attirera votre attention.

Donnez-vous le temps de comprendre le sens des messages, d'en percevoir la richesse, d'en savourer la beauté.

Ce livre ne doit pas être « dévoré », mais « dégusté » !

** NDLA : Par « Source », entendez la Source divine, la Conscience universelle à l'origine de tout.*

Avant-propos

(Message reçu de l'invisible)

Ce livre est né pour vous, pour vous aider à reprendre votre plein pouvoir. Il porte des messages qui vont ouvrir vos cœurs et vos esprits à la réalité du monde, à la beauté de ce monde.

C'est l'antidote de la peur.

Ce livre porte en lui la Lumière du Divin, l'Amour qui rayonne sur chacun de vous.

Lorsque vous lirez les mots « Dieu », « notre Père », « notre Seigneur » et tout ce qui fait référence au Divin, comprenez l'énergie qui a tout créé, l'énergie qui donne vie. Il n'est nullement question de religion, de dogme dans cet ouvrage. C'est l'énergie créatrice qui est aux commandes, celle qui unit les humains autour d'un même objectif, celui de vivre dans la Paix, l'Amour, la Joie, l'harmonie.

Valérie n'est pas l'auteur de cet ouvrage. Ces messages lui ont été dictés pour qu'elle-même vous les transmette. Elle n'a aucune éducation religieuse. Elle a été choisie pour la pureté de ses intentions à l'égard de tout ce qui vit, son émerveillement pour la nature, les animaux ; son empathie pour tout être qui souffre.

C'est un messager comme tant d'autres, car nous multiplions les messages que vous êtes enfin prêts à recevoir.

Ouvrez vos cœurs à ces messages.

Lisez-les. Relisez-les, jusqu'à ce que…

Prenez le temps de les comprendre, de les intégrer.

Chaque relecture vous apportera un élément nouveau ou répondra à votre question du moment, votre besoin du moment.

C'est un « livre-outil » qui vient en aide à celui qui le lit.

C'est un « livre-outil » qui vous aidera à créer, ensemble, unis, le monde que vous voulez voir advenir.

Les chants du Vivant

*C*e message est un message de Paix, de confiance en la vie, de confiance en l'avenir. La peur perd du terrain. L'Amour a déjà gagné. Ne laissez pas votre ego, votre intellect en douter un instant, car le doute prolonge les dernières heures de l'ancien et retarde l'avènement du nouveau. Votre énergie à vous, humains, doit aller dans le même élan de rebâtir le beau, le vrai, le projet initial du Père. Vous détenez en vous toutes les clés pour rebâtir ce projet merveilleux du Créateur ; vous en avez tous les outils, tous les matériaux.

Parmi les outils, il y a la joie, la bienveillance, le pardon, le partage, la créativité, l'observation du vivant, l'écoute. Ouvrez grand vos yeux, vos oreilles et votre cœur. Faites taire votre mental et laissez la place au silence créateur, à votre intuition, à la connaissance ancrée au plus profond de vous, encodée dans votre génétique. C'est cette connaissance-là que vous devez écouter, sur laquelle vous pouvez vous appuyer ; pas sur celle que l'on vous a inculquée au travers des différents outils de manipulation du Mal.

Laissez la place au silence. Déconnectez-vous des images animées pour vous placer sous hypnose. Déconnectez-vous du flot de ce qu'ils appellent les informations. Déconnectez-vous de l'hyperactivité qui vous déconnecte de vous-mêmes. Accordez-vous le droit de ne rien faire. Placez-vous en observateurs du vivant, en vous et hors de vous. Ecoutez-vous, écoutez votre corps, tous les signaux qu'il vous envoie.

Ecoutez les signaux de votre mère la Terre, qui vous dit simplement : « Prends soin de la vie et tu prendras soin de moi ».

Dans le silence du mental, il y a la voix du Père Créateur. Loin du brouhaha des médias, des villes, des réseaux sociaux, il y a le chant des oiseaux, le chant du vent, le chant de la pluie, de la rivière, des vagues… Tous vous racontent la même histoire : la vie est belle. Elle est Paix, harmonie, Amour, équilibre. Tout le reste n'est que mensonge pour que vous ne nous entendiez pas.

Bonne nouvelle ! Vous êtes de plus en plus nombreux à entendre les chants du Vivant, à vous tourner vers la vérité de la Création. Et beaucoup d'entre vous commencent à œuvrer pour mettre cette vérité au grand jour par l'exemple. Lui seul saura réveiller les sourds à ce chant merveilleux.

La vie est belle ! Remerciez-la à chaque instant. Honorez-la. Dévoilez sa magnificence au monde. Votre émerveillement est contagieux et peut contaminer ceux qui sont paralysés par la peur et sous l'hypnose du Mal. L'émerveillement est l'antidote à ce poison.

Vivez, respirez, imprégnez-vous des merveilles du Monde et enchantez-le !

Message reçu le 18/06/23

Guérison

L'ombre a toujours voulu contrôler les pensées des hommes parce que c'est le seul et unique moyen de les couper de leur cœur, de leur essence profonde.

Aujourd'hui, le cœur est plus fort, il reprend les rênes. Quand on dit que la Lumière gagne, c'est parce que l'Amour gagne ; et si l'Amour gagne, cela signifie que la peur recule. Les hommes en ont assez d'avoir peur. L'excès de peur qu'ils viennent de subir les a comme anesthésiés à cette émotion, les a insensibilisés, un peu comme les traitements qui désensibilisent aux allergies.

La source de peur est là, mais elle n'a plus d'effet sur l'Homme car son instinct, son besoin de vivre est devenu plus fort.

C'est la loi du Yin et du Yang, de l'équilibre. Quand le balancier va trop fort d'un côté, il va trop fort de l'autre. Après avoir été trop sujets à la peur, les Hommes deviennent insensibles et ils ont la Foi. Ils savent : La vie est plus importante que la peur de mourir.

En voulant contrôler les Hommes par la peur, l'ombre a tapé trop fort, trop longtemps. L'humain ne réagit plus à ce discours. Par contre, il réagit à celui de l'Amour dont il a un besoin incommensurable. Ses récepteurs à l'Amour sont hypersensibles, tandis que ceux à la peur sont devenus inactifs. Comme le diabétique qui a mangé trop de sucre et qui ne réagit plus à l'insuline.

Le Mal aura soigné le Bien. L'ombre a servi la Lumière, malgré elle.

Alors ouvrez vos récepteurs à l'Amour encore et toujours ! Soyez émetteurs et récepteurs d'Amour, cette onde divine, éternelle, infinie, qui trouve sa source dans vos cœurs.

L'Amour est volatile et vibre dans les hautes sphères. Elevez-vous pour mieux le capter et le transmettre à ceux qui vibrent encore trop bas pour y accéder.

Vous êtes des messagers de l'Amour. C'est l'Amour qui réparera les blessures de cette guerre menée contre l'humanité depuis si longtemps. Soyez le trait d'union entre l'Amour Divin et ces blessés de guerre, privés de l'Amour inconditionnel du Divin.

A votre contact, ils guériront, retrouveront leur âme d'enfant, dénuée de tout formatage, de toute peur, de toute entrave, de toute limite à leurs rêves. Tout redeviendra possible à leurs yeux car ils auront foi en eux, en la Vie, en toute chose. Seule l'énergie d'Amour peut parvenir à un tel miracle de guérison.

Que l'Amour fasse que vous retrouviez tous votre âme d'enfant, sans filtre, prêt à œuvrer pour le jardin merveilleux, somptueux, joyeux, que Dieu a conçu pour que chacun se réalise dans son plein potentiel.

Amen

Vous êtes les enfants de Dieu.

Tel un père, Dieu a apporté tout ce qui vous était nécessaire pour vous réaliser et pour devenir à Son image, des êtres pleins, entiers, accomplis, épanouis, aimants, créatifs.

Tels des enfants, vous êtes tombés, vous êtes relevés, avez appris, compris. L'humanité est en train de devenir adulte avec un cœur d'enfant, pur, sans préjugé, sans jugement. Son seul but est d'interagir avec l'autre pour apprendre de lui-même, s'expérimenter dans sa vraie nature divine dans le jardin d'Eden, sans notion de Bien et de Mal, parce que le Mal n'a plus sa place. Il n'a plus lieu d'être. L'humanité n'a plus d'expérience à tirer du Mal. Elle n'a plus les récepteurs de la haine et de la peur. Elle va pouvoir expérimenter pleinement l'Amour sans jugement, la joie, la légèreté de vivre, l'innocence de l'enfance.

Une nouvelle Humanité est en train de naître.

Messages reçus le 23/02/23

« L'Amour est volatile et vibre dans les hautes sphères.
Elevez-vous pour mieux le capter. »

Guérison (page 15)

Terre en joie

Rien n'est plus beau qu'un humain qui se reconnecte à sa conscience supérieure. Et vous êtes de plus en plus nombreux, comme des lucioles qui illuminent la surface terrestre. Votre Terre-mère s'en réjouit. Elle le ressent telle une douce chaleur qui l'enveloppe. Elle ressent votre Amour et « ça lui donne des ailes » pour mieux s'élever dans ses vibrations.

Imaginez votre Terre qui sourit, soulagée. « Ça y est, ils ont compris ! Ils se détachent de tout le matériel et se tourne à nouveau vers moi. Ils ont compris que j'étais la seule à pouvoir leur donner la douceur de vivre, la Paix, la joie de créer, de respirer, de sentir. Ils s'étirent comme s'ils s'éveillaient d'un long sommeil profond qui les avait déconnectés d'eux-mêmes. Ils sourient aux nouveaux jours qui arrivent. Ils sont joyeux, se sentent libres de se mouvoir, comme délivrés de leurs chaînes mentales. Ils rayonnent avec moi. Je les aime et ils m'aiment. »

L'Amour circule partout, enveloppe tout le vivant. C'est comme si les images, longtemps en noir et blanc, passaient en couleurs, des couleurs vives, celles des 7 chakras, de l'arc-en-ciel, celles qui expriment les énergies. Elles peuvent œuvrer librement et rééquilibrer le vivant. C'est le retour de l'harmonie dans la Joie d'être.

C'est une farandole de couleurs, de mouvements d'énergie qui repeignent toute la toile de la vie sur Terre, comme elle a été peinte par notre Créateur.

Quelle splendeur ! Quel spectacle !

Merci à vous les humains éveillés, arc-en-ciel, d'œuvrer pour ce chef d'œuvre sans pareil.

Soyez bénis ! Nous vous aimons tellement !

Message reçu le 28/02/23

Le pouvoir de la Musique

*R*egarde à l'intérieur de toi. Tout y est.

Inutile de poser des questions à l'Univers. Il est en toi, dans ton cœur. Respire et le souffle divin te donne accès à ton cœur. Le souffle divin fait le lien entre le dehors et le dedans, entre le Ciel et la Terre, entre le visible et l'invisible. Il est subtil, volatile et pourtant il est dans la matière puisqu'il insuffle la vie. On peut vivre longtemps sans manger et sans boire. Combien de temps peut-on vivre sans respirer ?

Le souffle divin est une énergie qui illumine chacune de tes cellules. Elles scintillent dans ton corps grâce à lui. C'est le mystère de la Vie. L'oxygène n'est pas qu'un composé chimique. Il est le véhicule de l'énergie divine. Il pénètre partout et transforme tout.

Respire. Inspire. Ce faisant, tu te connectes à toi-même et tu trouves l'inspiration. Ils travaillent de concert.

Pourquoi bailler si ce n'est pour puiser l'énergie du souffle divin ? En baillant, on se ressource. On puise le Prâna.

Tout est tellement magique et si bien orchestré.

Le souffle divin est lié avec la musique. On parle « d'orchestré », « de concert ». C'est le support des notes de musique qui nous sont inspirées. Ne parle-t-on pas de l'air d'une chanson ?

La musique est le moyen qu'a trouvé Dieu pour parler directement à notre cœur. Quand la musique est belle, elle fait chanter notre cœur. Elle porte la joie en elle. Elle unit les cœurs. On chante en chœur et on soigne avec la musique.

Tout est lié. La Vie est une symphonie. A nous d'éviter les fausses notes et de vivre en harmonie avec le Grand Tout.

La musique est onde, vibration. Elle est dans la matière car elle enchante nos oreilles ; et elle est dans le subtil car elle est vibratoire, ondulatoire.

Elle enchante. Chanter aussi nourrit les cœurs. La musique nous enchante.

Soyez des notes de musique ! Sachez vous accorder sur la partition divine. Unissez-vous pour chanter à l'unisson la grande symphonie du Créateur, en vous inspirant du souffle divin. Vous enchanterez le monde, l'univers. Vous porterez la Joie et la légèreté de vivre partout autour de vous.

Vous ne mesurez pas la puissance de la musique. Elle est comparable à celle d'une pensée.

Si elle est belle, légère, positive, elle peut vous transcender, vous donner des ailes.

Si elle est lourde, pesante, agressive, elle peut brouiller votre esprit et vous déconnecter de votre être intérieur.

Vibrez de la musique joyeuse. Chantez de tout votre cœur la beauté, la Joie, l'Amour, vous réchaufferez et enchanterez le monde.

Chantez, vous ferez chanter vos cœurs et enchanterez le monde.

Que serait la vie sans musique ?

Que serait la nature sans le chant des oiseaux qui régalent nos cœurs et font virevolter nos pensées ?

Merci la Vie !

Message reçu le 8/03/23

« C'est une farandole de couleurs, de mouvements d'énergie
qui repeignent toute la toile de la vie sur Terre. »

Terre en joie *(page 19)*

Energie d'Amour

*T*out n'est que Lumière et chacun peut orienter cette lumière vers l'expansion du soi et du Grand Tout. Nous rayonnons et, en concentrant ou en diffusant cette lumière, chacun peut se matérialiser ou devenir pur esprit.

C'est l'Amour qui influe sur la densité lumineuse, qui la dirige et qui matérialise la pensée créatrice. L'Amour est le plus puissant convertisseur d'énergie en matière. C'est pour cette raison que l'Amour est l'arme absolue contre la peur, le mal, la souffrance.

Nous sommes là pour expérimenter l'Amour dans la matière, notre pouvoir créateur au côté du Créateur. Chacune de Ses créations trouve son origine dans Ses pensées-énergie et c'est l'énergie d'Amour qui les a matérialisées. Nous avons ce pouvoir. Nous sommes Ses enfants. Il nous a créés à Son image et Il est en chacun de nous.

Tout est si simple finalement…

Tout est dans tout.
L'étoile dans le ciel,
et la cellule dans ton corps.
Les deux sont comparables.
Elles émettent un rayonnement,
témoignent du vivant,
véhiculent une énergie,
naissent, meurent, sont interconnectées.

L'une nourrit notre esprit, nous émerveille.
L'autre anime notre vie.
Tout est miroir, reflète
la Vie.
Tout est véhicule
d'énergie divine.

Message reçu en janvier 2023

Pyramide de Lumière

L'humain est une pyramide de lumière ! La base bien ancrée à la Terre et la tête pointée vers le ciel.

Ainsi la lumière vient se répandre largement sur la Terre. Un canal de lumière, d'énergie, d'Amour, de souffle divin.

Le pouvoir du Divin sur la Terre. La Terre qui peut ainsi se recharger, se nourrir en version concentrée de l'énergie céleste. Une version amplifiée de ce que fait le monde végétal.

Quel pouvoir !

La Paix du Ciel descendue sur la Terre.

Une pyramide, comme un prisme, un diamant qui démultiplie l'énergie céleste pour en inonder la Terre. Voilà le pouvoir des Humains. Ils sont le lien entre le Ciel et la Terre, comme les arbres, et jouent ce rôle de façon amplifiée.

Vous n'êtes pas des arbres. Vous pouvez être plus que des arbres. Pour cela, il faut être connecté à votre Mère, comme eux, et à votre Père céleste.

Message reçu le 7/03/23

« Sachez vous accorder sur la partition divine… »

Le pouvoir de la Musique (page 21)

Faites Confiance

*L*e plus important est de vivre le moment présent. Laissez notre Seigneur œuvrer pour que l'humanité retrouve son jardin d'Eden. Faites confiance. Ayez la foi en Lui. Il sait. C'est votre Créateur. Il vous aime et sait comment vous sauver. N'ayez crainte en l'avenir. Rien de ce qui va advenir ne peut dépasser le supportable pour l'humanité. Vous êtes Ses enfants. Il vous protège et vous aime infiniment.

Profitez de la vie que Dieu vous a donnée. Aimez, riez, chantez, créez, rapprochez-vous de la nature, de ses couleurs, de sa beauté, de son Amour pour vous.

La vie est une énergie qui doit circuler en permanence. Ce qui ne circule pas est mort.

La vie vous demande de continuer à vivre sans vous laisser tétaniser par la peur du lendemain. Demain n'est pas encore. La vie, c'est aujourd'hui. Ne laissez pas votre mental réfléchir au lendemain, cela vous empêche de vivre l'instant présent, or c'est lui qui détermine demain. C'est ce que vous faites aujourd'hui qui vous animera pour demain, vous donnera l'énergie, la force, l'enthousiasme pour demain.

Chaque soir, demandez-vous ce que vous avez fait pour votre prochain dans la journée. Avez-vous aimé ? Avez-vous fait du bien, apporté de la joie, de l'Amour, de la Paix, de la sérénité autour de vous ?

Une vie accomplie, c'est une vie qui suit le chemin du Christ*. Aimez votre prochain comme vous-mêmes. Ne jugez pas. Respectez la vie, la Loi divine.

Le matériel, le confort vous éloignent du sens profond de la vie. Détachez-vous de ce confort. Faites confiance. Dieu est là pour que vous ne manquiez de rien.

Votre pire ennemi, c'est la peur. La peur de mourir, la peur de souffrir. L'Amour vous permet de tout supporter. Entourez-vous d'Amour. Rayonnez d'Amour. L'Amour est partout autour de vous. Faites taire votre mental. Reconnectez-vous à votre cœur et vous le sentirez. Vous n'aurez plus peur. Vous serez en paix, dans la Paix du Seigneur.

L'argent peut disparaître du jour au lendemain.
Pas l'Amour.

Message reçu en Janvier 2023

* NDLA : Par « Christ », entendez l'archétype de l'être humain tel que Dieu l'a créé, l'humain dans son état primordial et sa pureté d'origine, bon, aimant, bienveillant, qui ne juge pas.

La Prière

*L*es prières s'unissent toutes ensemble et sont de plus en plus nombreuses. Vous, les humains, êtes en train de retrouver votre pouvoir divin de connexion grâce à la puissance de la prière. On vous a fait croire que la prière était dépassée, d'un autre temps alors qu'elle est intemporelle. Elle a traversé les âges. Elle est inscrite dans vos gênes. Il faut la laisser s'exprimer. Elle fait partie de votre nature profonde et fait le lien entre le visible et l'invisible, entre le réel et le potentiel, entre le présent et le futur. C'est votre pouvoir suprême ; celui qui peut changer votre vie, votre monde, votre réalité.

Elle est énergie. Elle agit sur la matière comme un enfant agit sur de la pâte à modeler.

La prière n'est pas une demande faite à un Dieu tout puissant. C'est une demande, une pensée entre votre être incarné et votre conscience supérieure, votre âme qui a le pouvoir d'agir sur votre réalité pour que vous meniez l'expérience ou les expériences qu'elle a prévues pour cheminer vers votre destinée profonde.

Laisse aller ta prière. Laisse-la communiquer avec ton être supérieur. C'est le lien intime entre toi et Toi.

Chacun peut modifier sa réalité par sa prière, alors imagine le pouvoir que l'humanité peut avoir par la prière en s'unissant dans l'Amour et la Paix !

Nul ne peut douter de ce pouvoir. Il est incommensurable et rien ne peut l'arrêter. C'est pour cette raison que, plus que jamais, l'humanité doit s'unir dans la prière, se reconnecter à son moi intérieur individuel et collectif, ce *Nous* qui peut tout, car Il est Dieu.

L'ombre le sait et doit absolument faire diversion pour que ce *Nous* ne parvienne pas à se reconstituer dans la prière. Elle agite des chiffons rouges comme le toréador devant le taureau. L'humanité s'est laissé distraire jusqu'à présent mais elle commence à comprendre le subterfuge et le besoin de s'unir est de plus en plus fort. Rien ne peut l'arrêter. C'est comme le besoin de respirer. Il est vital, vécu comme vital. Il appelle chacun d'entre vous.

Tous n'entendent pas encore cet appel mais le réveil est en cours, et vous êtes de plus en plus nombreux à ressentir ce besoin de respirer à l'unisson le souffle Divin.

Ce souffle Divin se renforce progressivement. Il attise le feu de l'Amour tout doucement. Les braises étaient là, frémissantes. A présent, les flammes grandissent, gagnent en force, en ardeur, en vitalité. Bientôt, nous assisterons à un grand brasier d'Amour qui réchauffera les cœurs et illuminera tous les regards.

L'Amour a besoin de l'oxygène du souffle Divin comme le feu a besoin d'oxygène pour se renforcer et se déployer. Alors, soufflez à l'unisson le souffle Divin par vos prières d'Amour.

Amen

Message reçu le 21/02/23

Le film de ta vie

La journée que tu as passée, c'est ta création. Tu es le (la) réalisateur(-trice). C'est toi qui as projeté l'image sur l'écran de ta vie. Tu en maîtrises le scénario et choisis les acteurs. Tu as orienté l'intrigue. Tu as les pleins pouvoirs sur les journées que tu passes. Tout comme chacun de nous. C'est le regard que tu portes sur les choses qui détermine la tournure que prennent les événements de ta vie.

Plus tu te concentres sur le moment présent, plus tu as une influence sur ces événements car toute ton énergie est concentrée sur le moment et pas dispersée entre le passé et le futur.

L'Amour est l'éclairage du film de ta vie. Plus tu aimes, plus tu agis dans l'Amour, plus ton film est lumineux, joyeux et donne envie d'y participer, d'en être acteur ou figurant. Plus tu projettes de lumière, plus nombreux sont les acteurs qui veulent profiter de ton éclairage et avoir un rôle dans ton existence.

Et plus les humains qui projettent de l'Amour et de la joie sont nombreux, plus le film sera un chef d'œuvre magistral, un succès, car c'est ce que l'humanité veut vivre : Le chef d'œuvre de l'Humanité co-créé avec le Divin.

Laissez aller votre imagination pour inventer des scénarios sans croyances limitantes, sans entrave, sans censures, si ce n'est la seule Loi divine.

Propagez vos scénarios, faites-en la promotion autour de vous. Montrez qu'ils sont bien plus désirables que ceux proposés par les acteurs et promoteurs du scénario en cours.

Que la Terre dans toute sa splendeur soit votre décor ;
Que l'Amour soit votre éclairage ;
Que l'Harmonie soit votre ambiance musicale ;
Que tout le Vivant soit vos acteurs ;
Et ce sera une histoire sans fin magnifique, joyeuse, lumineuse, riche de couleurs et de hautes vibrations.

Vous serez tous acteurs et spectateurs de cette réalisation divine merveilleuse.

Message reçu le 2/03/23

Tourbillon d'Amour

*L*a vie est un tourbillon d'énergie. Il suffit d'un rien pour que ce tourbillon s'accélère, change de sens, ralentisse. C'est l'Amour qui l'anime, lui donne sa vigueur et sa direction. En envoyant de l'Amour à l'univers, on accélère le rythme de ce tourbillon qui peut alors inonder tout le vivant de Lumière et de Joie.

C'est ce qui arrive aujourd'hui. Le tourbillon s'accélère. Il a pris la direction de l'Amour, de la confiance en la vie.

Les humains vont bientôt avoir confiance en eux, se relier entre eux. Ils n'auront plus peur de la rareté créée artificiellement pour les maintenir dans la peur. Ils vont se faire confiance, créer du lien entre eux tous, instaurer la Paix et l'harmonie entre tous les peuples.

Les « outils » des forces de Lumière vont comprendre que leur parcours n'aura servi qu'à cela : redonner confiance, redonner la joie, eux qui croyaient œuvrer pour les forces du Mal. En prenant conscience de leur véritable rôle sur cette terre, ils vont enfin comprendre le sens de la vie et ressentir l'Amour inconditionnel de l'humanité. L'ego des hommes les avait coupés de la réalité. Le mental avait rompu l'harmonie qui régnait sur la Terre.

A présent, les humains vont apprendre à se reconnecter à la Source* pour comprendre l'univers et le vivant. Ils sauront

* NDLA : Par « Source », entendez la Source divine, la Conscience universelle à l'origine de tout.

pourquoi ils sont venus s'incarner et pourront accomplir pleinement leur mission car ils ne seront plus dans la peur du manque matériel, dans la peur de la trahison ou du jugement des autres ; conscients qu'ils font tous partie du Grand Tout et que, telle une fourmilière, aucun membre de ce Grand Tout ne peut vouloir du mal à l'un des autres de ses membres. Nous allons tous dans le même sens et œuvrons pour le bien de tous dans l'Amour et la Paix.

Tous ces conflits, ces famines, ces souffrances ne sont pas grand-chose à l'échelle de l'univers infini. Mais s'ils ne représentent qu'une goutte d'eau dans l'océan de la vie de l'univers, c'est cette goutte d'eau qui va provoquer le tsunami de l'Amour et de l'éveil spirituel.

Une partie de l'humanité savait et attendait patiemment que les « petits frères », perdus dans des considérations matérielles, se réveillent, qu'ils s'éveillent à la beauté de la Création, qu'ils réalisent qu'ils étaient tous les fils du Créateur et qu'ils devaient se consacrer à embellir Sa Création, la chérir, la faire s'épanouir dans l'harmonie et l'équilibre parfait, de sorte de maintenir le rythme et la direction de ce tourbillon d'Amour qui inonde tout l'univers.

Ces peuples éveillés sont informés de ce qui se passe car ils sont connectés à la Source depuis toujours. Ils attendent les « petits frères ». Ils seront là pour les accueillir, leur apprendre le sens véritable de la vie, leur montrer comment élever leur taux vibratoire pour suivre l'évolution de Gaïa*.

Message reçu le 8/11/2020

NDLA : Gaïa, autre nom pour la Terre-mère.

Nos épreuves

*U*ne même épreuve peut être vécue d'autant de façons qu'il y a d'humains sur terre. Chacun choisit sa voie. Soit il en tirera une force, soit au contraire, il la traînera toute sa vie comme une blessure qui se cristallisera en handicap.

L'âme choisit l'épreuve, puis elle observe la réaction, le cheminement, l'évolution de l'esprit incarné.

Toute épreuve, quelle qu'elle soit, peut apporter quelque chose de bénéfique. L'humain peut en sortir grandi, se découvrir une puissance insoupçonnée, un talent, une qualité, une vocation, qui serait resté sous silence sans l'épreuve en question.

Aucune épreuve n'est insurmontable car la Vie connaît le bon dosage, le bon angle de frappe, le bon moment. Rien n'est laissé au hasard.

Tout mène à une découverte de soi-même si l'on choisit de partir à la recherche de soi-même. On peut aussi choisir d'être victime ; auquel cas, l'épreuve risque de se représenter dans cette même vie ou dans une prochaine, jusqu'à ce que l'âme (Dieu) découvre qui elle (Il) est, et jusqu'à ce qu'elle franchisse une étape dans son évolution.

N'abandonnez pas ! Ne vous comportez pas en victime ! Agissez en être tout puissant, acteur principal de votre vie. Ne laissez rien décider à votre place ; aucun autre être humain, aucune règle, aucune circonstance. Vous êtes seul souverain de votre vie.

Quelle que soit l'épreuve que vous traversez, Dieu a placé en vous tous les outils, toute la force, nécessaires pour la surmonter et en ressortir grandis.

Vous êtes tellement plus puissants que ce que vous croyez, tellement plus riches de potentiels. Vous êtes votre créateur finalement. Vous créez votre personnalité, votre caractère, vos analyses, vos réactions, vos désirs, vos émotions. Tout est issu de vous. Vous pouvez agir sur tout ce qui est issu de vous-mêmes.

Pour que vous ne vous laissiez pas piégés par vos filtres, vos valeurs, vos émotions guidées par votre mental, connectez-vous à votre cœur, votre boussole intérieure, qui vous dira combien vous êtes puissants, à l'image de votre Père créateur.

Puisez en cette force et rien ne pourra vous arrêter. Vous deviendrez qui vous voulez être, vivrez ce que vous voulez vivre, expérimenterez les situations nécessaires et utiles à votre épanouissement, à l'expression de votre nature profonde.

Ayez foi en vous !

Ayez foi en vous, en tant que part de Lui !

Message reçu le 13/08/24

Vibre de Joie

*R*essens-tu la joie qui t'habite quand tu es aligné(e) ? Quand tu es sur la bonne voie, que tu suis le projet qui résonne en toi ? Toute l'énergie de la joie t'est donnée pour mettre en œuvre ce projet.

Vibre de joie pour donner vie au projet. C'est cette seule vibration que tu dois écouter. Il n'y a pas de place pour le doute ; pas de place pour le « ça n'est pas possible », « je ne saurais pas ». Lâche prise. Laisse faire. Mets en œuvre tout ce que tu peux, Dieu fera le reste.

CONFIANCE. Mikaël te dit de faire confiance.

Apprends à cheminer avec Lui. Il œuvre au côté de Dieu pour vous protéger.

Quand tu vibres la joie, l'enthousiasme du cœur pour un projet, Mikaël est là pour protéger le projet car il sait que c'est juste et ne doute pas de tes capacités.

Message reçu le 21/01/24

« La vie est un tourbillon d'énergie. »

Tourbillon d'Amour (page 35)

Labyrinthe

Mes enfants, vous êtes comme des souris de laboratoire prisonnières dans leur boîte. On vous a donné tout le confort pour que n'ayez pas envie d'en sortir, pour que vous ayez l'impression que vous êtes dans la vraie vie. On a complexifié votre vie. On a mis des obstacles dans cette boîte pour occuper votre esprit ; un peu comme aux animaux des zoos, pour ne pas qu'ils s'ennuient, pour leur donner l'impression qu'ils ont une véritable existence, avec des expériences. Mais ce ne sont que des leurres, tels les hochets que l'on donne aux bébés pour leur donner l'illusion qu'ils expérimentent quelque chose.

Le chemin est complexifié, ainsi vous pensez être libres de choisir les chemins que vous empruntez, les voies que vous suivez ; mais vous êtes dans un labyrinthe. Si vous restez dans le schéma que la société vous impose, vous faites ce qu'elle attend de vous.

La société fait tout pour vous mettre dans des cases. Depuis la petite enfance à l'école, jusqu'à l'âge adulte lorsque vous consacrez le plus clair de votre temps à donner votre énergie et votre liberté pour que le système fonctionne.

Vous faites des choix de vie. Ces choix de vie, qui les a inspirés ? Est-ce votre cœur ou avez-vous choisi un couloir du labyrinthe suggéré par les medias ou l'école ?

Aujourd'hui, la Vie vous demande de quitter le labyrinthe, de créer votre propre voie, de sortir de votre boîte.

Vous n'êtes pas des souris de laboratoire !

Choisissez la liberté, la vraie, même si cela implique de quitter le confort du système. Cela ne vous rendra que plus forts.

Vous aurez cette sensation d'exister vraiment, de retrouver le vrai goût de la vie ; celui que vous cherchez désespérément dans les distractions, l'alcool, les drogues… tout ce qui vous endort et rend supportable votre vie dénaturée, sans saveur.

Au fond de vous, vous savez que vous vivez à l'encontre des lois du Créateur.

Message reçu le 3/09/24

L'Amour, énergie de vie

L'Amour est intemporel. Il est partout. Il habite toute vie. Il est Dieu. Il est l'énergie qui anime toute vie. Il est l'impulsion à l'origine de tout acte qui va dans le sens de la vie.

Propager l'Amour, c'est propager la vie, l'harmonie, la paix intérieure.

Il est l'énergie qui fait battre ton cœur. Il s'unit à l'eau pour emplir chacune de tes cellules de l'énergie de vie. L'Amour en toi guide tes cellules dans leur processus de régénération et de guérison.

En t'aimant, en aimant, en te pardonnant, en pardonnant, en te traitant avec bienveillance, en traitant l'autre avec bienveillance, tu œuvres pour ta guérison et celle du monde.

Prête attention à tes pensées, tes paroles, tes actes. Veille à ce que tous soient guidés par l'Amour et émetteurs d'Amour. Tout ce que tu émets est énergie et la Vie te le renvoie tel un miroir.

Tu es responsable, acteur de ta réalité. Tu es un être divin.

« Aujourd'hui, la Vie vous demande de quitter le labyrinthe… »

Labyrinthe (page 41)

Le code de l'Amour

Avoir la foi, c'est se faire confiance, avoir la foi en le divin qui est en soi.

Fais-toi confiance ! Cesse de douter sur tes capacités. Ecoute ton cœur, laisse-le te guider. Le mental ne fait que te ralentir dans ton processus d'évolution. Tu as les clés pour accomplir ta mission de vie.

Tout se déroule de manière idéale pour que tu puisses te réaliser. La voie est dégagée. Tout ce dont tu as besoin est sur ta route. Oublie les panneaux de sens interdit, de limitation ou d'interdiction. C'est la signalisation de ton mental. Change de code de la route. Suis le code de l'Amour. Oriente-toi en suivant la Lumière de l'Amour. Pas de stop. Pas d'arrêt. La lumière ne s'arrête pas. Elle est en constant mouvement. La vie est mouvement. Les doutes sont des ralentisseurs sur ta route. Ne ralentis pas. Poursuis ton processus et laisse-les disparaître dans ta progression. Ce sont des mirages. Ils n'ont pas d'existence propre.

Suis ta voie droit devant. Ne prends pas les autres voies qui vont te ralentir dans ton cheminement.

Sur ta route, sème des fleurs d'Amour pour inviter tes frères et sœurs humains à te suivre. Mets-y de la beauté, des couleurs. Anime leur voyage de moments joyeux, de partage. Qu'à leur tour, ils cessent de douter et suivent la voie divine, celle de l'Amour et du respect de la Vie ; la voie où chacun chemine en Paix, dans la foi du lendemain, même s'ils ne voient pas où les conduit cette route.

Ouvre les yeux pendant ton voyage. Vois comme la vie est belle, comme ta Terre-mère te gâte de ses bienfaits.

Le voyage peut être plus ou moins long, mais il est toujours riche d'enseignement et de beauté quand on sait l'observer avec les yeux du cœur.

Oublie le code du mental qui analyse le voyage à coup d'obstacles, d'interdictions, de détours. C'est en l'écoutant que tu donnes vie à ces obstacles. Dès que tu n'y prêtes plus attention, ils disparaissent.

Que l'Humanité se retrouve sur la Voie Divine, dans la beauté, l'harmonie, la Paix, l'Amour, la Joie de vivre.

Qu'elle se remette en mouvement, unie, et suive la Lumière qui la conduit vers la Joie d'être, d'être Un avec le Grand Tout.

AMEN.

Message reçu le 5/02/24

Sème ! Sème ! S'aime !

*S*ème les graines de l'Amour. Toutes ne germeront pas ou pas tout de suite, mais certaines finiront par porter leur fruit. Et le fruit de l'Amour est le plus nourrissant, celui qui a le plus de saveur. Il donne à celui qui le goûte la joie de vivre, l'énergie pour avancer, l'envie de grandir et l'envie de transmettre, à son tour, une énergie d'Amour.

L'Amour est contagieux. Il se propage vite et à une vitesse exponentielle. C'est pour cette raison que chaque geste d'Amour, chaque attention, quelle que soit son ampleur, n'est jamais sans effet. Telle une petite lueur dans l'obscurité, une graine d'Amour illumine et réchauffe un cœur.

Aucun acte d'Amour n'est négligeable car c'est un acte divin.

Aucun acte d'Amour n'est ridicule. Il ne faut pas craindre de s'exposer, d'exprimer un sentiment d'Amour, de porter l'Amour, d'incarner l'Amour dans chacun de ses actes, chacune de ses paroles.

Incarner l'Amour, c'est exprimer sa vraie nature en tant qu'être humain, fils de Dieu.

Semer et (s')aimer ont la même racine. Ce sont deux actions qui perpétuent la Vie.

Message reçu en Janvier 2024

« Sur ta route, sème des fleurs d'Amour (…).
Mets-y de la beauté, des couleurs. »

Code de l'Amour (page 45)

Fleurs de vie

*L*a solution est en chacun de vous. Vous portez en vous, comme une graine, toute la programmation qui vous permettra de vous épanouir. La graine ne va pas chercher à l'extérieur d'elle-même ce qui va la guider pour mieux germer, grandir et s'épanouir. Elle le possède à l'intérieur.

En revanche, elle dépend de son environnement pour bien grandir et prospérer. Elle a besoin des bonnes conditions, la lumière nécessaire, un climat adapté, suffisamment d'eau et de nourriture de qualité.

Faites confiance en votre être intérieur et prenez soin de vous entourer et de vous nourrir de ce qui est bon pour vous.

La lumière, qui permet la photosynthèse chez la plante, c'est l'Amour qui fera prospérer votre être spirituel et illuminera votre vie.

Le climat, c'est votre Paix intérieure, le sentiment de sérénité, le partage, la chaleur humaine.

L'eau et la nourriture, ce sont les pensées, les rencontres, les lectures, les images auxquelles vous vous exposez, ce qui nourrit votre être. L'eau et les aliments sont énergie, comme les pensées ou toute forme d'information. Ils peuvent vibrer haut ou vibrer bas.

C'est à ce niveau-là que vous pouvez agir, en étant vigilants par rapport à ce à quoi vous vous exposez. Cela aura un impact sur vous, sur votre vie mais aussi sur celle de votre entourage. Tel un arbre, si vous prospérez, vous pourrez mieux protéger, nourrir et accueillir le vivant autour de vous.

Ayez confiance en la vie. Tout est là pour que vous puissiez exprimer la meilleure version de vous-mêmes.

Vous avez votre libre arbitre pour choisir la lumière, l'environnement et la nourriture qui vous permettront de vous épanouir telle une fleur qui apporte la beauté par ses formes, ses couleurs, ses parfums.

Vous pouvez aussi faire les choix qui vous feront faner rapidement sans pouvoir accomplir votre mission de co-créateur de beauté.

Réjouissez-vous ! C'est une bonne nouvelle ! Cela signifie que vous êtes acteurs de votre vie, de votre avenir, à titre individuel et collectif.

Ensemble, vous avez le pouvoir de co-créer la Nouvelle Terre tant désirée. Les fleurs que vous êtes peuvent former des prairies d'Amour, de Joie, de couleurs, des dégradés de couleurs, de la diversité dans la beauté.

Vous avez le pouvoir de créer des lieux de vie respectueux des lois du vivant, où règnent la coopération, l'entraide et non la compétition ; des lieux d'abondance, tels que le Créateur l'avait prévu ; des lieux d'harmonie, de paix, où tout est à sa place, à l'état d'équilibre.

Pour retrouver ce pouvoir créateur, il suffit de se déconnecter de tout ce qui est négatif, contraire aux lois divines, la peur et tout ce qui en découle, la haine, la colère, la jalousie, le jugement, la compétition… tout ce qui divise.

Pour cela, il faut se reconnecter à son être intérieur et à la nature, se sentir à nouveau Un avec le Vivant.

Devenez des fleurs de toutes les couleurs. Apportez de la Joie et de la beauté autour de vous.

Rayonnez ! Aimez !

Votre Nouvelle Terre est là, présente dans les énergies.

A vous de l'aider à advenir !

Message reçu en janvier 2023

« La vie vous envoie des cadeaux.
Ne les jugez pas. Saisissez-les ! »

La vie est un cadeau (page 57)

Vous êtes capables !

*V*ous n'avez pas à avoir peur. Tout se déroule selon le plan Divin. Vous avez choisi de vivre cette situation pour en sortir grandis et vous avez tout en vous pour traverser l'évènement. Les connaissances, le courage, la Foi, tout ce qu'il faut pour vous guider et guider ceux qui ne sont pas équipés psychologiquement et physiquement pour vivre au mieux ce qui va advenir.

Votre rôle est là : guider, aimer, rassurer, protéger les plus faibles, les plus endormis, ceux qui croient à tout ce que l'ombre leur projette depuis tant d'années. Ils sont comme programmés. Il va falloir les déprogrammer avec toute la douceur et l'Amour que vous pouvez leur donner pour les accompagner dans ce voyage vers le Nouveau Monde.

Dieu est en vous. Vous êtes Ses enfants. Ecoutez-Le, écoutez-Le en vous, écoutez votre cœur. Il vous guidera pour trouver les bons mots, les bons gestes, ceux qui rassurent et qui vont permettre de faire avancer tout le groupe. Tous ces derniers mois vous ont préparés à ce qui va advenir. Vous aviez l'impression qu'il ne se passait pas grand-chose, que les choses n'évoluaient pas assez vite. Il vous fallait du temps pour vous préparer, pour digérer toutes les informations, les vérités qui vous sont cachées depuis toujours. Ainsi, cela a pu se faire en douceur. Vous avez pu laisser mûrir en vous ce projet de Nouveau Monde, comment vous le voulez, comment il pouvait se mettre en place.

N'oubliez pas, la pensée est créatrice. Vous avez créé ce monde en vous rapprochant du plan Divin. Vous êtes aujourd'hui prêts à abandonner l'ancien sans crainte. Vous ne vous sentez pas seuls pour agir. Vous êtes tellement d'éveillés et tellement d'autres qui ne demandent qu'à l'être. Seule une minorité est loin de pouvoir accepter ce qui va advenir.

Projetez la Paix, l'Amour. Rayonnez la Paix et l'Amour autour de vous pour éclairer ceux qui en ont besoin. Incarnez l'Amour de Dieu sur la Terre, que l'Humanité retrouve foi en Lui et abandonne les valeurs matérielles qui l'avaient conduite dans une impasse.

Vous êtes capables ! Vous êtes capables !

Cessez de douter de vous. On vous a fait croire que vous étiez des êtres faibles, dépendants d'un système. Oubliez ça !

Dieu vous a tout donné. Vous êtes à Son image. Vous pouvez créer votre avenir, votre devenir, votre monde. Utilisez l'énergie de l'Amour. Elle vous permettra de franchir tous les obstacles que l'ombre mettra sur votre route.

Ne croyez plus les « tu ne peux pas », les « ce n'est pas possible ». Ce ne sont que mensonges. Ensemble, vous, vous pouvez Tout.

Vous êtes des êtres parfaits. Connectez-vous à votre Moi supérieur. Il vous aidera. Il sait quel est le plus court chemin vers la Paix et l'harmonie. Il vous évitera d'avoir à passer certaines étapes vers lesquelles l'ego vous mènerait.

Pour se connecter à son Moi supérieur, la meilleure antenne, c'est votre cœur.

Ayez confiance ! Réjouissez-vous ! Le meilleur est à venir. Projetez le beau et vous aurez la beauté. Aimez Dieu comme Il vous aime. Le reste suivra. La vie, telle qu'elle aurait toujours dû être, gagnera.

Qu'il en soit ainsi.

Message reçu le 14/03/23

« Merci pour le printemps,
qui témoigne de la renaissance éternelle. »

Merci (page 67)

La vie est un cadeau

En recevant la vie, chacun de vous reçoit un cadeau ; un cadeau que l'âme se fait à elle-même pour grandir. Recevoir la vie, c'est pouvoir expérimenter, toucher, ressentir, goûter, créer, rire, embrasser, danser… Seule la matière permet ces expériences et c'est en menant ces expériences que l'on peut goûter à qui l'on est.

La vie peut avoir différentes saveurs. Elle peut être fade, relevée, épicée. Elle peut piquer très fort. Mais chaque fois, elle apporte une sensation et permet de savoir ce que l'on aime, comment on réagit selon les situations, les expériences.

Parfois, la vie vous envoie un cadeau que vous recevez comme une épreuve, un événement que vous avez de la peine à surmonter. Mais cette épreuve vous oblige à sortir de votre zone de confort, à prendre des risques, à mettre un terme à vos habitudes ou vous invite simplement à changer de vie.

Ce sont les épreuves qui vous font grandir, réagir. Tout comme le piquant vous fait sursauter, rougir ou crier ; votre corps vous invitant alors à réagir pour changer quelque chose, aller chercher de la douceur, prendre soin de vous, vous apaiser.

Sans épreuve, il est difficile de grandir et de savoir qui l'on est. Comment l'enfant apprend-il à marcher s'il ne court pas le risque de tomber ?

La vie elle-même est un cadeau. Et la vie vous envoie des cadeaux. Ne les jugez pas. Saisissez-les !

Les cadeaux qui vous invitent au confort ne sont pas forcément ceux qui vont vous permettre d'exprimer qui vous êtes. Le confort lui-même est un piège pour l'humanité qui « se ramollit », perd de sa puissance, de sa capacité à s'adapter.

L'Univers vous envoie des cadeaux que vous ne saisissez pas toujours, parce que votre ego a peur, peur du changement, peur de l'inconnu.

Faites comme les enfants lorsqu'ils reçoivent un cadeau. N'hésitez pas un instant et ouvrez-le, vivez-le ! Goûtez-le ! Quelle que soit sa saveur a priori. Votre ego ne connaît pas les effets bénéfiques que peut avoir ce cadeau.

L'enfant accueille et expérimente sans crainte, sans peur de la chute, de l'échec, de la douleur. Il goûte à la vie.

Redevenez des enfants. Accueillez ce qui se présente à vous comme des cadeaux, sans jugement, sans a priori. Plus tard, vous comprendrez que l'Univers vous a envoyé un vrai cadeau, même si l'emballage vous a semblé suspect.

Aucun cadeau « tombé du Ciel » n'est un cadeau empoisonné, même si sa saveur vous semble trop relevée.

Message reçu le 31/08/24

La foi est une loupe

*L*a vie réserve tellement de surprises. Ne doute pas. Suis la voie de la Vie, la voie des lois du vivant. Le Père est à vos côtés pour œuvrer et aider l'humanité à retrouver sa souveraineté et à retrouver la foi. La foi est la clé. C'est elle qui donne la force à ce qui est juste ; elle qui fait avancer sans obstacles qui perdurent. Ceux-ci sont là pour éprouver votre foi, mais disparaissent dès que vous avez foi. Ils sont là pour vous faire grandir et redevenir les humains tels que vous avez été conçus.

Ne redoutez pas l'avenir si vous avez la foi. L'Amour de Dieu vous accompagne et met sur votre route tout ce dont vous avez besoin pour avancer. La foi vous permet de le voir, vous permet de saisir les occasions, les opportunités, les rencontres, les outils, les pensées qui vous permettent de vous réaliser. La foi est comme un loupe qui vous montre où sont les outils, les pensées ou les opportunités à saisir. Vous avancez sur votre chemin, munis de cette loupe qui vous permet de repérer les indices. Plus vous avez Foi, plus la loupe a un effet grossissant, car Dieu a mis tellement d'indices sur votre chemin !

Alors ouvrez l'œil.

Ouvrez votre cœur au Divin. Ayez la Foi et tout ira bien…

Message reçu le 24/11/23

« Le vivant est énergie. Vivre, c'est vibrer.
Tout interagit en entrant en résonance… »

Vivre, c'est vibrer (page 71)

L'école de la vie

*D*onne-toi du temps. Accorde-toi du temps pour grandir. Tu n'es encore qu'un enfant sur le chemin de ta vie. Tu es en période d'apprentissage. Tu découvres qui tu es. La vie met des leçons sur ta route. Donne-toi le temps de les assimiler et n'écoute pas ton mental qui te dit que tu n'apprends pas assez vite, tel un enseignant à l'école qui ne veut pas ta réussite mais la sienne, la satisfaction de l'ego qui peut dire « moi je sais ».

Tu ne sais pas et c'est normal. La vie est un apprentissage. C'est ce qui la rend intéressante. C'est ce qui lui donne sa raison d'être. Tant que tu apprends, tu vis, tu existes, tu expérimentes. Penser tout savoir, c'est commencer à mourir. Alors ne te presse pas dans ton apprentissage. Sois juste assidu(e), régulier(e), persévérant(e). N'abandonne pas. Ne te laisse pas distraire. Garde le cap de ce que tu veux expérimenter, de ce qui t'anime. Utilise ton cœur comme boussole pour garder ce cap, car il est directement connecté à la Source* divine.

Quand tu te sens mal, c'est ton cœur qui te dit que tu as perdu le cap, que tu t'égares. Tu n'es plus aligné(e) avec ton être intérieur. Tu es décalé(e).

Respire. Pause-toi. Reconnecte-toi à ton être intérieur et tu retrouveras le chemin de l'apprentissage qui t'anime, le chemin de l'émerveillement, de la joie.

** NDLA : Par « Source », entendez la Source divine, la Conscience universelle à l'origine de tout.*

Rien ni personne ne doit te dévier de ton cap. Si tu te sens lumineux(e), énergique, rayonnant(e), joyeux(e), tu es aligné(e).

Si la tristesse, l'apathie, le manque d'entrain t'envahissent, stoppe tout ! Il y a quelque chose dans ta vie qui est en désaccord avec qui tu es.

Ce que tu apprends, transmets-le. Ton rôle est d'aider tes frères et sœurs humains à se relier à leur boussole intérieure, à faire émerger ce qu'ils savent tout au fond d'eux, bien enfoui, à écouter cette petite voix intérieure qui leur dit : « Tu fais fausse route. Change quelque chose dans ta vie ». Pour certains, la petite voix est inaudible. La meilleure façon pour eux de les relier à leur cœur est de leur montrer par l'exemple qu'ils sont sur le mauvais chemin. Par l'exemple, tu peux provoquer le déclic qui les fera changer de cap.

Tu ne peux leur ouvrir les yeux de force. Ils seraient éblouis. C'est la beauté de la voie que tu leur montreras qui leur donnera envie d'ouvrir les yeux progressivement, à leur rythme.

Voilà ton chemin. Devenir inspirant(e). Diffuse le souffle divin autour de toi, par tes actes, tes mots, tes pensées, tes attentions, ta façon d'être, ce qui émane de toi, ton rayonnement.

Cela demande de la rigueur dans ton apprentissage, dans ton évolution. Ne lâche pas. Même si c'est difficile, ne lâche pas. Tu n'es jamais seul(e). La Lumière divine est là pour t'aider, te nourrir, te régénérer, pour autant que tu respectes les lois de la Création pour être en capacité de capter et absorber cette lumière.

Si tu as mal, tu fermes tes capteurs à la lumière divine. Tels des panneaux solaires, la moindre ombre sur l'un d'eux empêche la magie d'opérer. Veille à ce qu'aucune ombre ne vienne se coucher sur tes capteurs de lumière divine. Médite ! Vibre haut ! Elève-toi tant que tu peux pour que tes capteurs se rapprochent de la Lumière divine et s'éloignent de l'ombre. Fais en sorte que celle-ci ne puisse plus les atteindre.

Plus tu t'exposeras à la beauté, à la nature, à la joie, plus tu t'élèveras et plus tu seras proche de la Lumière divine que tu ressentiras de plus en plus fort, comme si tes capteurs devenaient toujours plus sensibles.

Chaque fois que tu ressens l'ombre tenter une approche, t'envoyer des pensées négatives, fais-la taire immédiatement. Respire. Chaque fois que tu la sens tenter de te distraire, de te détourner de toi-même, de ton cœur, reconnecte-toi à lui sans tarder. Respire. Chante. Va dans la nature et émerveille-toi de sa beauté, de sa perfection. Et n'oublie pas que tu en fais partie et que tu es tout aussi parfait(e), que tu as les mêmes pouvoirs de te régénérer, les mêmes capacités de résilience, la même beauté intérieure, car tu es une création divine. Ne laisse personne, pas même ton mental, te dire le contraire. Reprends confiance.

« JE suis parfait(e) car je suis un élément de la nature qui est parfaite. En suivant les lois de la Création, je reste connecté(e) à la nature et à ma nature profonde, divine. »

Dieu t'a tout donné.

Message reçu le 27/08/23

« L'humain est une centrale d'Amour dont le noyau est le cœur.
C'est le cœur du réacteur d'Amour. »

Cœur du réacteur (page 75)

Patience !

Rien ne sert de courir… Tu connais la suite !

L'humanité a besoin de temps pour changer, pour laisser maturer les nouvelles valeurs et abandonner celles qui gouvernent le monde depuis des millénaires. Il ne faut surtout pas aller trop vite, car si le nouveau n'est pas bien intégré, digéré, assimilé, l'ancien reviendra s'installer. Le nouveau sera vécu comme un échec, un paradigme impossible qui dysfonctionne, qui demeure une utopie.

Les étapes vont être franchies méthodiquement, comme les leçons qu'apprennent les enfants à l'école. On ne leur apprend pas l'algèbre s'ils ne savent pas compter. On les mettrait en situation d'échec et ils rejetteraient toutes les mathématiques.

Soyez patients. C'est une des qualités qui vous est demandée pour cette période que vous traversez. Patients et aimants, aimants et joyeux. Vivez en construisant le nouveau paradigme. Montrez qu'il fonctionne. Incarnez-le. C'est par l'exemple que l'on peut faire adhérer à de nouvelles idées, de nouveaux modes de fonctionnement.

Vous commencez à peine votre changement. Vous venez juste de vous éveiller. Il faut prendre le temps de laisser maturer le processus et de multiplier les exemples d'humains qui ont quitté l'ancien pour construire le nouveau.

Commencez à construire le nouveau dans l'Amour et la Joie, ainsi d'autres voudront vous suivre.

Patience, Paix, Amour et Joie !

Plus de questionnements sur le quand, le comment.

En avançant tranquillement, paisiblement, les réponses viendront d'elles-mêmes. En fait, elles n'auront plus lieu d'être, le nouveau monde sera là !

Je vous aime. Allez en Paix.

Message reçu le 20/03/23

Merci

*L*a beauté du monde nous a échappé jusqu'à présent. Comme si tout ce que nous avions était normal. Comme des enfants gâtés.

Aujourd'hui, nous prenons conscience du cadeau qui nous a été donné et nous sommes de plus en plus nombreux à vouloir en prendre soin. C'est notre priorité : prendre soin du vivant, lui donner notre énergie, notre temps. Mettre notre créativité à son service pour œuvrer aux côtés du Divin. Lui faire honneur, car Il est en toute chose.

Un seul mot me vient à l'esprit. MERCI.

Merci pour le printemps, qui témoigne de la renaissance éternelle.

Merci pour l'hiver qui met notre corps et notre esprit au repos. Une pause, une parenthèse pour se reconnecter à soi-même, se ressourcer en soi-même.

Merci à la nature et à ses rythmes qui nous accompagnent, nous portent, nous guident, nous émerveillent et nous enchantent.

Merci à notre Terre-mère qui partage ces rythmes avec nous. Nous sommes unis à elle lorsque nous respectons les rythmes de la nature, les saisons. Comme si nous nous mettions au diapason des battements de son cœur.

Message reçu en octobre 2023

« Vous allez générer la Lumière Divine
qui enveloppera la Terre-mère et tout le Vivant »

Cœur du réacteur (page 75)

La « Vie-jeu »

*L*a vie est un jeu auquel Dieu nous propose de jouer pour savoir qui Il est, qui nous sommes en tant que fragment de Lui.

Pour mieux comprendre qui nous sommes, une boîte de jeu a été incluse dans la « Vie-jeu ». Cette boîte impose des règles à l'humanité, des règles qui varient selon la situation géographique, selon l'époque, le pays, sa culture, sa religion. Cette boîte de jeu est littéralement un « divertissement ». Elle nous enferme et nous coupe de nous-mêmes, nous donne l'illusion d'une vie avec des valeurs contraires à la « Vie-jeu », l'altérité, la compétition, le jugement, la peur. Ces valeurs donnent naissance à nos egos, qui sont comme nos « pions » sur le parcours du « jeu-test ». Chacun choisit la couleur de son pion, sa personnalité, ses valeurs, ses priorités, son caractère.

Au fur et à mesure de la partie, le pion s'équipe de nouveaux outils, de nouvelles armes pour se confronter aux règles du jeu-test. Il reçoit des cartes « handicaps », blessures d'ego, qui vont le dévier encore davantage de sa vraie nature. On lui impose de plus en plus de règles. On complexifie les valeurs. On multiplie les informations pour que les cris de son cœur, qui veut le sortir de de la boîte, deviennent inaudibles.

Plus l'humain s'investit dans ce jeu-là, plus il y adhère, plus il s'éloigne de lui-même, plus il s'éloigne de Dieu.

Le test consiste à prendre conscience que les règles de la société, qui lui sont imposées, ne sont qu'un leurre ; qu'il n'est pas un pion ; que sa raison d'être n'est pas de gagner des points (argent, biens, objets, « amis » de réseaux sociaux…) ; que sa raison d'être est d'aimer la Création, d'expérimenter la beauté de la Création, de participer à la beauté de la Création.

Message reçu le 14/07/24

Vivre, c'est vibrer

*L*e vivant est énergie. Vivre, c'est vibrer. Tout interagit en entrant en résonance.

Les humains ressentent de plus en plus cette fréquence qui les relie entre eux ; cette musique du Divin qui enchante leur cœur, qui fait qu'ils se sentent bien ensemble, qu'ils ont envie de se retrouver, de partager. Ils ressentent que, si la fréquence est juste, la relation les nourrit. En passant un moment ensemble, ils se sentent comme remplis, rassasiés d'Amour, de vrai, de belles énergies. C'est un peu comme si un moment de partage authentique leur apportait les nutriments énergétiques dont leur être a besoin pour se sentir en harmonie avec le Grand Tout.

Une rencontre avec des individus qui « ne sont pas sur la même longueur d'onde » les vide de leur énergie. Un déséquilibre se crée. C'est une situation dysharmonique. Il y a comme un bruit de fond dans leur esprit, le sentiment de ne pas être à sa place, l'envie de se protéger de ces vibrations comme on veut se protéger d'un bruit assourdissant.

Au contraire, une rencontre avec des personnes sur la même longueur d'onde leur apporte la paix, la plénitude, la douceur, l'harmonie, le sentiment d'être dans la Vérité, avec l'envie que cela dure ou que cela se renouvelle pour vivre à nouveau cette paix intérieure.

Il se passe le même phénomène avec d'autres êtres vivants, entre individus de la même espèce ou inter espèces.

Pourquoi certains humains préfèrent-ils les chiens, d'autres les chats ? Ils ne vibrent pas de la même manière. Ils n'entrent pas en résonance avec l'un d'eux.

Il en est de même avec les végétaux entre eux et avec les humains. Les végétaux ressentent les fréquences émises par les humains et réagissent à ces fréquences.

De même, l'humain entre en résonance avec certains végétaux et pas d'autres. Il n'est pas uniquement sensible à leur aspect esthétique, il est aussi réceptif à ce qu'ils dégagent.

Pourquoi certains humains aiment-ils être en forêt, d'autres pas ? La forêt, c'est une multitude de fréquences, d'énergie, d'informations qui circulent. Certains humains n'ont plus les récepteurs adaptés et se sentent vite submergés, débordés par autant d'énergie. Ils n'entrent pas en résonance avec la forêt et se sentent dans cette situation de brouhaha comme lorsqu'ils sont entourés d'individus qui vibrent sur une autre fréquence que la leur.

Tout n'est qu'une question de fréquence, d'énergie d'Amour, de résonance. Aimer, vivre, c'est vibrer.

Plus on vibre haut, plus on entre en résonance avec des personnes qui vibrent haut, et donc plus on s'entoure de personnes qui vibrent haut.

S'entourer de personnes qui vibrent bas finit par faire baisser votre taux vibratoire, parce que chacun a besoin d'entrer en résonance avec l'autre.

Pour se protéger, il faut aller se ressourcer dans la nature le plus possible, aller à la source du vivant, celle qui ne juge pas, ne craint pas, celle qui accueille, vibre et vit en accord avec la partition divine, en harmonie avec le Grand Tout.

Se ressourcer dans la nature, c'est se connecter à Dieu. La méditation, la prière, écouter de la musique douce et apaisante sont des façons de rester connecté à son être intérieur, de rester connecté au Divin qui est en soi.

De plus en plus d'humains sont conscients du pouvoir de la méditation, de la prière, de la connexion à la nature, de la musique. Ils y ont recours de plus en plus, et de plus en plus souvent. Ainsi, ils augmentent leur taux vibratoire, leur niveau de conscience, et peuvent entrer en résonance avec leur mère la Terre qui, elle aussi, est en train d'augmenter son taux vibratoire.

Votre Terre s'élève et vous suivez son évolution pour maintenir le lien énergétique qui vous unit à elle.

Tout est tellement simple. La vie ne vous demande que de vibrer, d'aimer. Elle vous informe de cette façon : Si quelque chose vous fait vibrer, c'est qu'il entre en résonance avec vous. Il est fait pour vous. Vous êtes dans la Vérité, ce qui est juste et prévu par le plan divin.

Si au contraire vous ressentez un malaise face à une situation, un projet ou en présence d'une personne, cela signifie que cela n'est pas juste. La situation, le projet ou la personne ne vous conviennent pas.

Ecoutez votre cœur qui reçoit ces vibrations et sait les interpréter. Lui sait mieux que votre mental qui veut parfois passer outre votre ressenti. Mais le mental ne sait pas. Il n'a pas les récepteurs vibratoires. Il s'appuie sur des connaissances, des valeurs inculquées.

Est-ce avec votre mental que vous appréciez une musique ou avec votre cœur ?

Message reçu en janvier 2024

Cœur du réacteur

Ressens les vibrations en toi. Tes cellules scintillent de toute part. Elles sont chargées d'Amour. Tu te recharges d'Amour avec tes cellules-batteries.

Accumule cette énergie pour la redistribuer autour de toi. C'est ce qui t'est demandé.

C'est comme si chacune de tes cellules avait un petit capteur solaire qui lui permettait de se charger en Amour. Cette énergie, elles la renvoient vers le cœur car elles sont toutes connectées au cœur. Et le cœur lui, permet de redistribuer cet Amour.

L'humain est un récepteur-accumulateur-émetteur d'Amour. C'est une centrale d'Amour dont le noyau est le cœur. C'est le cœur du réacteur d'Amour.

En vous unissant, vous pouvez constituer un réseau d'Amour et diffuser cette information divine tout autour de vous, d'humain à humain.

C'est le réseau qu'il vous faut développer, le réseau de l'énergie divine circulant dans la matière.

Unissez-vous par petits groupes d'humains-cœurs de réacteur, puis reliez ces petits groupes entre eux. Tissez des mailles de réseau de plus en plus fines. Ainsi, vous capterez de plus en plus d'humains attirés comme des « aimants ».

De plus en plus nombreux, les humains vont densifier le

réseau d'Amour. Rares seront ceux qui n'en feront pas partie ; au début, peut-être par mimétisme, et très vite par conviction que ce réseau est la solution vers un monde de Paix et d'harmonie.

Cœurs de réacteur à la peur,

Cœurs de réacteur à la peine,

Vous allez générer la Lumière Divine qui enveloppera la Terre-mère et tout le Vivant.

Amen

Message reçu le 8/02/24

Ecoutez la Vie

*P*ourquoi la vie vous a-t-elle été donnée ? Pourquoi le miracle de la vie s'est-il produit entre deux cellules pour que la magie de la vie opère dans le ventre de votre mère ?

Croyez-vous que c'est pour que vous passiez une partie de cette vie à faire des choses à contrecœur, à faire des choses qui ne vous nourrissent pas, qui ne vous font pas grandir, qui ne vous apportent pas de joie ? Pensez-vous que la magie de la vie a opéré pour nourrir un système qui n'a pas été créé par Dieu, un système avilissant, esclavagiste ; un système qui vous a fait perdre votre autonomie, qui vous a rendus dépendants de lui ?

Pensez-vous que Dieu voulait que Ses enfants deviennent des esclaves ?

Vous, humains, êtes les seules créatures à ne pas faire ce que la Vie avait prévu pour elles. Pourtant, vous êtes les plus puissants.

Dieu vous a tout donné pour poursuivre son œuvre, créer du Beau, du Bon, du Bien ; et vous êtes la seule création qui s'est éloignée de sa vraie nature.

Réfléchissez.
Réfléchis.
Qu'as-tu vraiment envie de faire ? Qu'est-ce qui résonne au fond de toi ? A quoi la Vie t'appelle-t-elle ? Que dit ta petite voix intérieure lorsque tu parviens à faire silence autour de toi ?

Certains d'entre vous ne parviennent plus à entendre cette

petite voix, tant il y a de brouhaha à l'intérieur et autour d'eux. Ils sont noyés dans un flot d'informations à l'intérieur et autour d'eux. L'ego est aux commandes. Il veut tout savoir, tout maîtriser, que tout soit parfait selon ses critères, ses valeurs, ses références. Il veut briller pour lui et aux yeux des autres. Il veut être aimé, admiré, respecté mais il confond cet Amour conditionnel avec le véritable Amour. Et ses valeurs sont portées, véhiculées, promues par le système qui le manipule.

L'ego, qui est supposé guider l'homme pour sa survie, pour le protéger, s'est retourné contre lui, agit à l'encontre des intérêts de l'humain.

Puisqu'il en est ainsi, il est temps de le faire taire et de n'écouter que son cœur.

Comment faire ?

D'abord, faire silence. Silence à l'intérieur de soi et autour de soi.

Se reconnecter à la nature. L'observer. C'est la meilleure école qui soit. C'est l'école du Créateur.

Respirer. Prendre le temps de respirer. Ecouter son souffle. Ressentir son souffle. C'est le souffle divin qui circule à l'intérieur de nous. Il porte la vie.

Se mettre en contact avec l'eau. Une eau pure, claire. La boire. Se baigner dedans. S'immerger dans la pureté de cet élément miraculeux, mystérieux, sans qui la vie serait impossible. L'eau porte l'énergie de la vie, les informations de la vie. Elle abreuve, nettoie, régénère, fait grandir. C'est le support que Dieu a créé pour nous transmettre des informations subtiles, des informations invisibles mais précieuses.

Se connecter à la Terre, notre mère, qui nous porte, nous nourrit, nous transmet son énergie. Marcher pieds nus. Ressentez votre Terre-mère sous vos pieds. Connectez-vous à cette énergie qui émane d'elle. Rechargez-vous à elle.

Puis se connecter au Ciel. Regarder les étoiles. Elles nous parlent de lumière, de magie, d'éternité. C'est le livre de Dieu qui nous envoie des messages codés depuis l'infiniment grand.

Ce livre nous raconte que la magie de l'énergie divine œuvre partout et tout le temps ; que le temps n'existe pas ; que la mort n'existe pas en tant que fin. Il nous raconte que nous ne sommes pas seuls. Il nous raconte que nous sommes tous reliés ; que ça n'est pas parce qu'on ne voit pas quelque chose qu'elle n'existe pas.

Souvenez-vous quand vous étiez enfant, émerveillé par ce ciel étoilé, émerveillé par le vivant autour de vous, les insectes, les fleurs, les animaux. Telle est la nature profonde de l'humain, l'état naturel de l'humain : l'émerveillement.

L'enfant s'émerveille, veut expérimenter, créer, créer du beau. Il met de la couleur, de la joie et toute son énergie, toute sa présence dans ce qu'il fait. C'est un être divin, pur.

Pour votre bonheur, votre épanouissement, pour atteindre un état de plénitude, il vous faut retrouver cet état naturel, vous exprimer, vous réaliser tel que l'enfant qui vit en vous en a envie.

Pour cela, commencez par faire silence et vous reconnecter à la nature, la ressentir en vous et autour de vous. Vibrez avec elle.

Alors votre petite voix intérieure redeviendra audible. Il vous suffira de l'écouter sans vous préoccuper des signaux d'alerte émis par votre ego qui ne comprendra pas, qui aura peur.

Ne craignez rien. Cette petite voix intérieure, c'est Dieu qui vous parle, votre part divine qui s'exprime. Vous êtes sous sa protection.

Message reçu le 18/08/24

Puits de Lumière

*P*uise à l'intérieur de Toi comme tu vas puiser l'eau sacrée au fond d'un puits.

Le puits traverse le temps et contient l'information du passé, du présent, du futur dans son eau. Il est intemporel. Il est là, présent. On l'oublie. Il est silencieux et détient le plus grand de tous les trésors : l'eau sacrée informée, la puissance de l'âme, sa pureté.

Le puits, c'est ton cœur. Il contient tout. Aie le courage d'aller l'explorer. Tu ne vois pas, tu ne sais pas à quoi t'attendre. Tu crains l'inconnu, de rencontrer des choses qui font peur, de te confronter à l'ombre, à tes ombres. Mais si tu surmontes ces peurs, tu y trouveras la lumière. Ce puits qui te fait peur est un puits de lumière, et l'eau se charge de l'énergie de lumière.

Enfonce-toi dans ce puits. N'écoute pas ton ego qui tente de t'en dissuader. Plonge dans l'inconnu de ce puits. Accepte de traverser ses zones d'ombre, tes zones d'ombre. Continue. Fais confiance. Aie la foi. Ce puits, c'est le chemin qui te conduit à la source, à l'eau sacrée qui contient toute la connaissance, l'énergie divine condensée que tu peux sentir s'écouler en Toi.

Explore ce puits de lumière, ce puits d'Amour, ce puits qui contient toute l'eau sacrée de l'Amour ; et remonte des gouttes de cette eau pure, fraîche, apaisante, bienfaitrice pour la distribuer autour de toi.

Message reçu le 31/12/23

« Le Ciel… C'est le livre de Dieu qui nous envoie des messages codés depuis l'infiniment grand. »

Ecoutez la vie (page 77)

Jeu de rôles

*S*ois qui Tu es vraiment. Inutile de se donner des objectifs, des missions spécifiques. Il suffit d'exprimer la divinité qui est en Toi.

Chacun porte en lui des qualités humaines qu'il est venu exprimer en s'incarnant. En restant aligné, connecté à son être intérieur, vous accomplissez la mission à laquelle votre âme s'est destinée.

Ne pas juger. C'est l'ego qui juge.

Faire de son mieux. Exprimer la meilleure version de soi-même. Exprimer le Divin qui est en soi. Cela signifie inévitablement propager l'Amour autour de soi, apporter la Paix et œuvrer pour le Beau, l'abondance, le respect de tout ce qui vit. Être en harmonie avec la Création.

Pour exprimer le Divin en soi, il suffit de lâcher prise et d'avoir la foi, d'avoir confiance en la Vie. Elle nous conduira là où nous devons être et mettra sur notre route ce dont nous avons besoin pour accomplir notre chemin de vie.

Ecoutez les messages que votre cœur vous envoie. Si vous ressentez de la joie concernant un projet, une rencontre, un événement, cela signifie que cela répond aux besoins de votre âme pour s'accomplir.

Si vous agissez et êtes animés par l'Amour, vous êtes en accord avec la Loi Divine. Tout est simple. C'est le mental et la société contre-nature qui établit les règles de fonctionnement de vos vies, qui compliquent tout.

Quittez cette société. Faites taire votre mental. Créez une autre société harmonieuse, respectueuse du Vivant, dont le seul but est d'œuvrer pour le bien-être et l'épanouissement de ce qui vit, conformément aux lois divines.

Œuvrez dans la Joie. Chantez, dansez, créez ! La vie est un jeu, un jeu de rôles et un jeu drôle. Vous êtes trop sérieux ! Retrouvez votre âme d'enfant.

Un enfant crée, joue, aime en permanence. Il sait que « c'est pour de faux », que la réalité est tout autre, mais il veut juste expérimenter en interagissant avec les autres et en imaginant sa réalité.

Un enfant ne craint pas le regard de l'autre. Il est. Il développe ses possibilités, exprime ses capacités, se trompe, apprend et GRANDIT !

C'est tout ce qui vous est demandé. Soyez les grands enfants de votre Père céleste ! N'ayez pas peur de vous tromper, de tomber. Tant que vous agissez dans l'Amour, dans le respect de la Vie, tout ce que vous ferez sera juste.

Observez la nature. Mettez-vous au diapason de la nature. Alors vous agirez en harmonie avec elle. En retour, elle emplira votre cœur de ses hautes vibrations, régalera vos yeux de sa beauté et vous nourrira tout entier de sa richesse incommensurable.

Ne le cherchez plus. Le jardin d'Eden est déjà là. Il est en chacun de vous. Laissez-le émerger sans crainte de perdre ce que vous connaissez. Le meilleur vous attend. Laissez-le advenir de tout votre cœur.

Amen.

Message reçu en janvier 2024

« Chantez, dansez, créez ! »

Jeu de rôles (page 83)

Réalité ou « Métaverse » ?

*V*ous, humains, êtes tellement plus que ce que vous croyez. Vous n'êtes pas cet être prédateur, destructeur, égoïste, individualiste comme on vous le répète à longueur de temps. D'ailleurs, quand vous pensez à ces humains-là, vous pensez aux autres. Vous ne vous sentez pas concernés, parce que vous savez au fond de vous que vous n'êtes pas comme ça.

Comme vous ne connaissez pas « les autres » et que vous faites confiance à ce qui se dit, vous vous dites qu'il y a vous et « les autres ». Et cette approche participe pour beaucoup à la division de l'humanité. Il y a vous, qui ressentez la lumière divine tout au fond, bien cachée. (Vous ne l'identifiez pas comme ça mais juste comme une part de vous qui est belle et surtout, différente de ce qu'on vous décrit.) Et il y a « les autres ». Pourtant, vous êtes tous, chacun pris séparément, une part de cette lumière divine. Et en fait, « les autres », ça n'existe pas. « Les autres », c'est une part de vous-mêmes. « Les autres », c'est une part de Dieu qui s'exprime dans la matière. Donc « les autres » sont naturellement bons, aimants.

Parmi « les autres », il y a effectivement des êtres qui ont été « dénaturés » par la vie à laquelle l'ombre les a soumis, une vie sans Amour, une vie dans la peur. Or l'absence d'Amour et la peur sont contraires aux lois de la Création divine.

Ces êtres sont comme perdus. Ils ne fonctionnent pas comme des humaines équilibrés, alignés, harmonieux, en accord avec leur nature profonde, mais comme des organismes sans âme qui ne sont animés que par la volonté de survivre ; un peu comme des robots qui seraient autonomes dans leur prise de décision pour rester fonctionnels mais sans aucune connexion au cœur ; cette connexion qui anime, oriente, guide tout être humain à l'état naturel, originel.

Reprendre sa souveraineté, c'est refuser de fonctionner comme un robot, dans tous les domaines de sa vie. Refuser de faire les choses pour sa survie fonctionnelle ; refuser de se reproduire pour la survie fonctionnelle de la communauté de robots ; refuser de prendre des décisions sur la base de données, de valeurs inculquées par un système extérieur à soi-même, déconnecté de son cœur qui lui seul sait.

Reprendre sa souveraineté, c'est laisser son cœur, et lui seul, nous guider.

Vous n'êtes pas des robots ! Vous êtes des lumières, des étoiles qui illuminent le ciel de la Création. Dans chaque cœur réside une étoile, une énergie divine qui n'est qu'Amour, beauté, harmonie ; une énergie divine incarnée pour créer de la beauté, de la joie, générer de l'Amour.

Déprogrammez-vous ! Déconnectez-vous du réseau manipulateur de l'ombre pour vous reconnecter au seul réseau vrai, intemporel, universel, le réseau de l'Amour.

C'est aussi le seul réseau autonome. « L'énergie libre » dont vous parlez si souvent, c'est l'Amour.

Le système connecté à l'ombre n'est en rien autonome.

Il dépend de vous et de l'énergie dont vous le nourrissez par vos pensées, vos actes, vos paroles. Votre peur, votre travail sont les ingrédients principaux qui nourrissent le système de l'ombre. Cessez de le nourrir. Il s'effondrera sans attendre. De vos choix dépend sa survie. Le temps que vous prendrez à vous reconnecter au réseau divin déterminera le retour de votre souveraineté, votre liberté, l'épanouissement de l'humanité, l'expression de son plein potentiel, dans le Bon, le Bien, le Beau, le Vrai.

Votre civilisation évolue déjà dans le « Métaverse » ! Vous vivez dans l'illusion de la liberté ; l'illusion de la prise de décision ; l'illusion du bonheur lorsque vous vous concentrez sur la recherche du plaisir ; l'illusion de l'Amour alors que c'est souvent un amour conditionnel ; l'illusion du progrès technique au service de l'humain alors que c'est l'humain qui sert la technologie.

Vous vivez dans l'illusion !

Beaucoup d'entre vous rejettent la spiritualité au motif que cela n'est pas « vérifiable », concret ; que cela est subjectif ; que cela reste du domaine de l'abstrait. Alors que votre « Métaverse » ne repose sur rien de concret, véritable, intemporel. Le « Métaverse » d'aujourd'hui n'est pas celui d'hier parce que les règles du jeu ont été modifiées par ceux qui programment votre « Métaverse ».

Les règles du jeu divin n'ont jamais changé. Elles sont La réalité. Ce sont elles que vous devez suivre. Et votre cœur ne connaît que ces règles-là.

Message reçu le 28/07/24

« Mon chant tourne et tourne et s'élève vers la joie,
la légèreté, la Paix, la légèreté d'être… »

Le chant de la Terre (page 101)

Vous êtes votre paradis

*N*e pas se fier aux apparences. « Les voies du seigneur sont impénétrables ! »

Il fallait une immense souffrance vécue simultanément à l'échelle de la planète pour que l'humanité se réveille, qu'elle apprenne, qu'elle comprenne qu'elle faisait fausse route. C'est en prenant conscience de ses erreurs que l'on apprend, que l'on se corrige.

L'humanité a pris conscience de ses erreurs et progressivement change de direction pour se reconnecter à son essence divine.

Aimer, observer les lois de la nature, respecter la nature, respecter et chérir le vivant sont en train de devenir les nouvelles priorités de l'humanité.

Les humains prennent conscience de leur dimension spirituelle et, avec elle, de leur appartenance à l'unité Divine.

Vous ne faites qu'Un et vous êtes en train de l'apprendre, de le ressentir, de le vivre. Et c'est grâce à cette crise factice qui vous a fait souffrir, poussés à chercher un autre paradigme et finalement ouvert les yeux.

L'ombre au service de la Lumière…

Maintenant que vous savez que vous ne faites qu'Un, il vous faut apprendre à agir en conséquence, à fonctionner ensemble, en collaborant, en partageant vos idées, vos ressources, vos rires, vos joies. Vous êtes tels des fourmis dans la fourmilière, cellules d'un même organisme qui œuvre pour le bien commun.

Et vous êtes plus que ça. Vos pensées créent votre vie, au niveau individuel et collectif. Vos pensées doivent donc être bienveillantes, aimantes, constructives et positives pour le Vivant, toujours en accord avec les lois divines.

Vos paroles doivent être alignées sur vos pensées et vos actes, dans l'Amour.

C'est alors que vous serez connectés au Divin en vous et retrouverez le chemin du Christ*, vers le jardin d'Eden.

Vous êtes votre paradis. Vous êtes votre potentiel paradis, tout comme vous pouvez être votre enfer en vibrant la colère, la peur, la jalousie.

Vibrez l'Amour ! Un futur joyeux, lumineux se présente à vous. N'en doutez pas.

Message reçu le 20 janvier 2024

* NDLA : Par « Christ », entendez l'archétype de l'être humain tel que Dieu l'a créé, l'humain dans son état primordial et sa pureté d'origine, bon, aimant, bienveillant, qui ne juge pas.

Le Nouveau Monde est là

Mon esprit vagabonde
    dans le Nouveau Monde.
Je sais au fond de moi,
    qu'il existe déjà.
Je le sens là, captif,
    dans l'inconscient collectif.
Le seul pouvoir de notre pensée
    suffira pour le libérer.

Refrain
Ce que je crois, je le vois,
    Car ma pensée crée ma réalité.
Ce que l'Humanité croit, elle le vit,
    Car notre pensée le construit.

Qui maîtrise les pensées et les émotions
    garde le contrôle sur sa population.
Alors éteignons nos télés, nos radios et
    fermons nos journaux.
Ouvrons plutôt nos cœurs et nos esprits
    à ce Nouveau Monde endormi.

Refrain

Mon esprit vagabonde
      vers le Nouveau Monde.
Soudain, le réveil sonne
      une douce mélodie
Il se lève, il rayonne,
      l'Amour, la Paix et l'Harmonie

Refrain

Chacun de nous est une goutte d'eau de l'océan divin.
On peut choisir d'être une larme qui pleure son destin,
ou bien un raz-de-marée emportant la peur et la souffrance
pour laisser émerger Amour, Paix et Abondance.

Mon esprit vagabonde.
      Je vois naître le Nouveau Monde.
L'Humanité a choisi
      d'être ce tsunami
Qui renvoie la peur et les pensées sombres
à la caverne de Platon et ses jeux d'ombres.

L'ombre régnait sur hier.
      Aujourd'hui, place à la Lumière !

Poème inspiré en janvier 2023

Magie d'une méditation

Mes cellules frétillent.
Je suis ici et maintenant,
mais je suis partout et tout le temps.
Pour toujours, je scintille.

Nous sommes tous des étoiles dans l'univers infini,
dans l'infiniment grand et l'infiniment petit.
Je suis l'univers avec mes cellules pour galaxies.
Je suis comme une poupée russe énergétique.

Je suis ici et maintenant,
partout et tout le temps.
Je m'expanse. Je ne suis qu'un avec l'Univers.
Et en même temps, j'expérimente la matière
dans cette enveloppe corporelle unique.

Je suis dehors et dedans,
dans la matière et la lumière,
dans le concret et l'invisible
Ici et maintenant
Partout et tout le temps.

Quel sentiment de Paix et de sérénité !
Je me sens en sécurité avec Notre Père.
Moi en Lui ; Lui en moi.

La tête dans les étoiles,
les pieds ancrés à notre Terre-Mère.

Que ce moment dure une éternité.
Ici et maintenant
Partout et tout le temps.
Je touche par la pensée, l'état de félicité.

Merci la Vie !

Poème inspiré en Janvier 2023

Enfant cristal

*L*es enfants sont des êtres de lumière par essence. Ils sont pureté. Ils ne calculent pas. Tout est inné, instantané, naturel, authentique.

Comme les animaux, ils agissent comme le leur dicte la nature dans le plus pur Amour, sans attente d'un échange, d'un retour. Ils attendent l'attention, la joie, l'Amour, la tendresse, l'affection comme des actes naturels. Pas de question. Pas de pourquoi. Que des « je t'aime » et des « aime-moi ».

« La vie est un jeu qui m'attend. Je vais pouvoir jouer, vibrer, expérimenter, apprendre. Quel bonheur d'être un enfant, un nouveau-né ! J'aime. Je suis. Mon mental n'est pas encore agissant, dominant. Il n'y a pas de filtre d'expériences passées, d'idées reçues, de croyances. Que de l'authenticité dans les émotions, dans les sentiments, dans les réactions. »

Un enfant est ce qu'il y a de plus proche de Dieu. Il a tous Ses pouvoirs en devenir. Il n'est que potentialités. C'est pour cette raison que l'ombre s'attaque, s'en prend aux enfants. Ainsi, elle s'en prend à Dieu Lui-même.

Un enfant, c'est comme du cristal, transparent, fort et fragile à la fois, pur. Ça a plein de facettes et reflète la lumière, un peu comme un diamant. Cela décompose la lumière, contient les 7 couleurs de l'arc-en-ciel.

Un enfant, c'est un arc-en-ciel. A ses pieds, se trouve le trésor le plus beau : l'Amour, la Joie et la Paix réunis.

Quand il se déploie, il renvoie la lumière et, si on le laisse grandir sans entraves, son faisceau lumineux est de plus en plus puissant. Un enfant, c'est dangereux pour l'ombre.

Les enfants qui naissent aujourd'hui sont des enfants arc-en-ciel. Ils vont refléter l'Amour jusqu'au tréfonds de l'Univers, et toutes les galaxies vont bientôt apprendre que la Terre est enfin libérée de l'ombre. La Terre va renvoyer de l'Amour dans tout l'Univers. Elle émettra des rayons aux couleurs de l'arc-en-ciel. Ces rayons vont se réunir pour redevenir lumière blanche, pur Amour.

Cette symphonie de couleurs va retourner à l'Unité, au Grand Tout. C'est un peu comme un Big Bang à l'envers. L'Univers va retourner à son état d'origine. Non plus expansé, mais concentré ; non plus éparpillé mais uni. La plus grande concentration d'énergie d'Amour. Dieu, à Son origine.

Chacun pourra librement se reconnecter à cette énergie originelle, en conscience, à la demande, pour se recharger en énergie d'Amour et la diffuser partout autour de lui. Ainsi, l'Amour va se démultiplier dans tout l'Univers. La Lumière sera partout et, avec elle, la Joie, la joie d'être, simplement.

Ce sera comme une consécration de toute la Création divine. Ces énergies de joie et d'Amour circuleront toujours plus vite pour atteindre toutes les planètes, toutes les galaxies et irradier tous leurs habitants d'un Amour inconditionnel.

Soyez des enfants arc-en-ciel, des enfants cristal. Reflétez l'Amour tout autour de vous. Décomposez la lumière pour mettre des couleurs de Joie autour de vous.

Enfants de Dieu, réalisez ce que votre Père a imaginé à l'origine des Temps, à votre naissance.

Tout part de vos cœurs. Vous êtes de merveilleux générateurs d'énergie d'Amour.

Message reçu le 25/02/23

« Une douce chaleur va envahir tout le Vivant et, avec elle,
apporter la Paix du Ciel. »

Pluie de Lumière (page 109)

Le chant de la Terre

Je suis Amour pour mes enfants. Je donne. Je nourris. Je protège. Je suis une mère patiente, aimante, qui voit grandir ses enfants, les observe en train de devenir adultes, des humains justes, aimants, joyeux, créatifs, attentifs à l'autre, attentifs au Vivant.

Je sais que je vais pouvoir être fière d'eux mais il me faut attendre. Le processus est long et la Vie patiente avec moi.

Je m'élève. Mon chant tourne et tourne et s'élève vers la joie, la légèreté, la Paix, la légèreté d'être telle que Dieu m'a créée, nous a créés. Les ondes virevoltent. Elles s'allègent et, avec elles, les humains vont suivre et s'élever.

Nous sommes à la veille de la Joie pure. Encore quelques allers et retours dans la tristesse, la mélancolie mais plus pour longtemps. Je me sens pousser des ailes ! Mes enfants vont me suivre. Ils vont pouvoir se reconnecter à leur enfant intérieur, se reconnecter à la joie d'exister, la joie de vivre, créer, expérimenter, respirer, aimer.

Je nous vois virevolter dans les airs, dans l'univers, avec toute la candeur de l'enfance. Le chant sera de la partie. La musique, légère, viendra porter notre voyage dans l'univers.

Tout est léger. Tout s'envole. Tout est libre, joyeux, aimant, serein. Tout est Paix. Tout est Lumière.

L'air, la lumière, la musique, les notes de musique, les chants, l'Amour, la Joie, Tout n'est qu'Un. La Paix d'être le Divin.

Ressentez votre Divinité. Vous êtes des êtres parfaits à l'image du Créateur, des êtres aimants de manière inconditionnelle.

« Toi, l'Humain-enfant-pur, je t'aime car tu es un autre moi. »

Message reçu le 25/11/23

Rémission

*T*a réalité, tu la fais. Si tu as la foi en toi, la foi en le Divin à l'intérieur de toi, la foi en une puissance divine, alors tout se réalise de la meilleure façon pour toi.

Aime la nature, le vivant. Aide-le à s'épanouir, à s'exprimer dans sa plus belle réalité, son plein potentiel.

De l'Amour, du soin, de l'attention, de la bienveillance, de la beauté, de la joie. Vivre ensemble, dans l'Unité du Père. Ne faire qu'Un avec le vivant, comme un immense organisme.

Aujourd'hui, cet organisme est atteint d'un cancer. De nombreuses cellules ont muté, dysfonctionnent, ne font pas ce que la nature avait prévu, comme si elles avaient été déprogrammées. Mais ces cellules peuvent guérir grâce à l'Amour.

Les « rayons » qui peuvent guérir ce cancer, c'est la Lumière divine, l'Amour.

La « chimio », c'est la Joie, le partage, la bienveillance qui font une merveilleuse alchimie.

Soit ces cellules malades vont choisir de guérir et de respecter le chemin prévu par le Créateur ; soit elles préféreront disparaître pour se réincarner sous une autre forme ; la guérison leur demandant un trop grand effort et trop d'énergie qu'elles n'ont plus, vidées par la peur et nécrosées par l'ombre.

Dans tous les cas, l'organisme unique que nous formons tous

ensemble finira par guérir. Il redeviendra sain et Saint, pur, guidé par les Lois divines.

Ne jugez pas ce cancer. Il aura permis à l'humanité de prendre conscience de ses mauvais choix.

Tout est dans tout. Ce que nous vivons au niveau individuel, nous le vivons au niveau collectif. Les mêmes schémas, les mêmes difficultés, les mêmes épreuves, les mêmes solutions. L'Amour, la Paix, les hautes vibrations, le jeûne. Le jeûne de pensées négatives, de sentiments de peur, de jalousie, de juge-ment. En jeûnant de cette diarrhée mentale qui répète sans cesse les mêmes réflexions négatives, on peut à nouveau se connecter à la Paix de l'âme, à la foi, présente en chacun de nous, que le bruit de nos pensées nous empêche d'entendre.

Faire taire son ego et ouvrir son cœur, c'est le seul chemin vers la guérison.

Nous sommes des cellules, toutes liées par un champ magné-tique d'Amour. L'ombre a voulu nous séparer en perturbant ce champ magnétique, mais la Lumière Divine rayonne de plus en plus fort et vient le réactiver et le renforcer.

Rien ne pourra nous séparer. Nous allons vers l'Union, quoi qu'il arrive, tels des aimants ou des « Aimants ». Le « corps humain » que nous formons se reconstitue dans son unicité. Chacun de nous, chacune des cellules que nous sommes va reprendre la fonction, le rôle qui lui avait été attribué.

L'humanité va retrouver la pleine santé, l'équilibre, l'harmonie, la Paix, la joie d'être et d'expérimenter la vie.

Une guérison prend du temps. Puis vient la convalescence. Quelle douce sensation que de ressentir à nouveau le bien-être, de recouvrer ses capacités, de retrouver la confiance en la vie.

Vous êtes sur le chemin de la guérison. Faites les choix qui vous permettront d'accélérer le processus et ayez la Foi.

Message reçu le 23/07/23

« Méditez, connectez-vous à votre univers intérieur,
la lumière d'Amour y est déjà, présente. »

Pluie de Lumière (page 109)

Ancré dans son cœur

De grands bouleversements, de grands changements sont en train d'advenir. C'est normal que tu te sentes épuisé(e), débordé(e), dépassé(e). Laisse aller. Connecte-toi à notre Terre, à la nature. Elle te guidera. Déconnecte-toi de tout le reste. L'énergie du Divin t'attend dans la nature, dans un jardin, au bord de l'eau. Il est grand temps de te ressourcer. Les énergies obscures tentent de jouer leurs dernières cartes en affaiblissant les humains. Elles veulent les rendre vulnérables et finissent d'absorber l'énergie de l'humanité qui se sent affaiblie.

Mais c'est sans compter l'énergie Divine qui les ressource et fait obstacle aux dernières manipulations de l'ombre. C'est un passage énergétique difficile que doit franchir l'humanité. Il faut rester ancré à la nature pour mieux y résister.

C'est un peu comme sur un bateau pendant une tempête. Accrochez-vous au mât central et, quoi qu'il arrive, ne le lâchez pas. Le calme finira par revenir. Ce mât, c'est votre ancrage à la nature, à l'énergie terrestre. Vous êtes ballottés. Ça secoue dans tous les sens. Vous allez de gauche à droite, mais la seule et unique bonne direction, c'est celle de votre cœur qui vous relie à notre Terre-mère et à notre Père céleste.

Ne vous dispersez pas. Ne suivez pas les courants, les vents dominants. Restez ancrés dans votre cœur. N'écoutez que lui car il est connecté au Père et il connaît la direction à prendre. Il est votre boussole. Vous devez et pouvez lui faire confiance. Il est uni à la Vérité par un fil d'or et d'argent. Il vous ramènera toujours sur le droit chemin, celui de la vérité du Père.

L'Amour est votre phare. C'est votre repère dans la tempête. Ancrez-vous dans votre cœur et ne quittez pas l'Amour des yeux. Il est la direction à prendre, l'objectif à atteindre.

Tenez bon. Vous ne ferez pas naufrage. Dieu vous aime. Il est à vos côtés et veille à ce que la tempête que vous traversez soit surmontable.

Allez en Paix. Vibrez haut dans l'Amour et vous survolerez le gros des vents violents qui secouent l'humanité.

Les vents violents ne sont que des mises en scène pour détourner l'humanité de sa pleine puissance. Si on se connecte à la nature, les mises en scène n'ont plus cours. Elles disparaissent. C'est votre attention qui leur donne vie. C'est l'énergie de votre attention qui leur permet d'exister.

La nature, elle, est bien réelle. Ses lois sont éternelles, inaltérables, intemporelles, invariables. La nature est La réalité. Elle est la Paix, la sérénité, la sécurité. Elle est.

Message reçu le 20/07/23

Pluie de Lumière

Laisse aller. Laissez aller. Laissez-vous porter par ce qui vient. Une pluie de lumière va inonder la Terre et illuminer le monde. Elle va balayer la peur, la tristesse, la violence. C'est un raz-de-marée de joie céleste qui s'en vient.

Pour accélérer le processus, faire advenir cette pluie de lumière, il suffit que les humains se connectent à l'Amour Divin. Ainsi, ils génèrent eux-mêmes la lumière et la joie qui va inonder les continents et les océans.

La Terre sera tellement lumineuse qu'elle va rayonner comme un soleil et on pourra apercevoir ce phénomène depuis tout l'Univers.

Une douce chaleur va envahir tout le Vivant et, avec elle, apporter la Paix du Ciel.

Chaque être vivant va se laisser envahir par cette onde d'Amour. Dans le silence intérieur, immobile, chacun se laissera emplir par cette onde d'Amour, à l'écoute de son ressenti, n'osant bouger pour que cette sensation se poursuive.

N'ayez crainte, cette sensation pourra se poursuivre à chaque fois que vous le désirerez. Elle peut déjà vous envahir.

Méditez, connectez-vous à votre univers intérieur, la lumière d'Amour y est déjà, présente.

Par le souffle divin, vous retrouvez la Paix, le silence. Vous

vous sentez emplis d'Amour, vous vibrez cet Amour. Et alors, vous le diffusez. Vous devenez émetteur, propagateur de l'énergie d'Amour.

La méditation, la connexion à soi et au Grand Tout est le moyen absolu de générer cette pluie de lumière.

L'Humain est un générateur d'énergie d'Amour. Il porte en lui toute la puissance du Divin. Inutile d'attendre de l'aide de l'extérieur. Vous êtes tellement puissants.

Méditez, priez, vibrez haut, connectez-vous au subtil et écoutez votre cœur. Il vous chuchotera la Vérité :

« Tout est beau
Tout est Amour
Tout est Paix
Tout est Joie. »

N'est-ce pas ce qui définit un enfant ? Voilà pourquoi il vous est demandé de vous reconnecter à votre enfant intérieur, d'exprimer votre enfant intérieur, d'être votre enfant intérieur, le Tout Puissant Aimant fils de Dieu.

Message reçu le 26/11/23

Naissance d'une nouvelle humanité

L'humanité est en pleine renaissance. Le processus est en marche et rien ne peut l'arrêter.

Comme c'est merveilleux !

C'est comme si Gaïa* mettait au monde une nouvelle humanité. Elle souffle, elle tremble, elle a chaud. Tous les processus naturels s'accélèrent, s'exacerbent, mais elle sait que cette étape annonce l'arrivée d'une magnifique nouvelle, un magnifique évènement. Vous êtes cet heureux évènement ! Vous êtes cette humanité qui a pris conscience des erreurs du passé et qui a décidé de se reconnecter à sa nature profonde. Vous êtes cette humanité qui s'apprête à œuvrer pour le vivant, pour la Création aux côtés du Créateur. Vous êtes cette humanité qui va répandre l'Amour, la Joie et rétablir la Paix du Divin en écoutant simplement la Paix de la nature, la Paix d'être, d'exister.

Aimez-vous. Propagez l'Amour autour de vous. Aimez Tout car Dieu est en Tout. Laissez s'exprimer la puissance de Dieu en vous. Cessez de juger, cessez d'avoir peur. Vos pensées, vos jugements influent sur vos existences, les orientent, les créent. En vous concentrant sur l'Amour, vous créerez l'Amour partout. Il se propagera et mettra fin à la peur qui règne sur le monde.

C'est votre mission essentielle : Aimer, chérir, choyer tout le vivant, toute la Création, dans son ensemble. La Création en vous, autour de vous et partout.

** NDLA : Gaïa, autre nom pour la Terre-mère.*

Vos choix de vie doivent être orientés par ce seul sentiment d'Amour. Vos décisions, vos actes doivent prendre naissance dans l'Amour. C'est votre seul guide.

L'Amour de vous, de ce qui vit en vous, l'Amour de l'autre, l'Amour de la vie, l'Amour de la beauté, l'Amour de la Création, l'Amour de l'Art, de la musique, de la danse, de la poésie, de la joie, de la joie de vivre.

N'alimentez plus que l'Amour par votre énergie, par vos pensées. C'est votre boussole. Elle vous est d'autant plus essentielle aujourd'hui que vous traversez une tempête. Ne vous laissez distraire par rien sous peine de risquer de vous échouer…

AIMEZ ! C'est tellement simple. C'est le sentiment humain le plus pur et le plus naturel ; le cadeau qui vous a été donné pour grandir, pour vous guider, pour œuvrer, prospérer aux côtés de la nature, du vivant qui n'attend que votre Amour.

Tout ce qui vous entoure est fait pour vous, pour vous émerveiller, vous nourrir, vous réjouir. Les fleurs, les oiseaux, les animaux, les arbres… Tout est là pour maintenir un équilibre autour de vous. En échange, tout ce qui vit attend de recevoir votre rayon d'Amour, car c'est celui du fils du Dieu Créateur.

Vous ne mesurez pas votre puissance et votre rôle pour toute la Création sur notre Terre-mère.

Message reçu le 9/04/23, Dimanche, jour de Pâques

L'humain du Nouveau Monde

Le monde d'après sera un monde de bienveillance où tout sera à l'état d'équilibre. Nulle peur, nulle violence, nulle douleur, nulle souffrance. La Vie ne laissera de place qu'à la Joie, la joie de vivre, d'aimer, de s'amuser entre tous les êtres vivants. L'Homme sera le Divin créateur de cette nature merveilleuse et épanouie.

Tous les êtres de l'Univers se réjouiront de voir le paradis à nouveau sur la Terre comme le plan Divin l'avait prévu. La nature prospérera de toute part. Les espèces retrouveront leur état d'équilibre. Chaque jour qui se lèvera réjouira tous les êtres vivants de la planète.

Les animaux sauront qu'ils pourront enfin compter sur les êtres humains pour embellir leur habitat, les aimer, les soigner et leur apporter tous les gestes tendres et affectueux qu'ils attendaient depuis la nuit des temps.

Les enfants se sentiront libres de grandir dans l'Amour et la confiance des adultes. Ils pourront développer librement les dons que Dieu leur a donnés. Adultes, ils deviendront les êtres divins créateurs de la beauté. Ils chériront chaque parcelle de terre de la planète, chaque être vivant, animal, végétal ou minéral. Ils ne douteront jamais de leur puissance divine car ils n'auront jamais connu la peur de l'échec ou de l'erreur. Ils sauront se connecter à la Source* chaque fois qu'ils en auront besoin.

** NDLA : Par « Source », entendez la Source divine, la Conscience universelle à l'origine de tout.*

Ce sera un acte naturel tout comme respirer, boire ou même méditer, se connecter à l'ensemble de l'Univers sans connaître le jugement.

La notion d'ego passera en arrière plan. Même si chacun voudra exceller pour donner le meilleur de lui-même, ce sera toujours pour servir l'unité de la Création, pour embellir notre planète, pour faire se réjouir les êtres proches ou les créatures environnantes.

Il ne s'agira plus jamais de briller pour soi. Chacun voudra briller pour illuminer l'Univers, pour remercier le Créateur et chérir Sa Création, l'honorer ; être l'enfant tant désiré, tant attendu du Créateur qui a tout donné à Son enfant.

Chacun voudra être à la hauteur des attentes de notre Créateur, développera ses talents, s'émerveillera, vivra dans la joie de faire partie du Grand Tout.

L'enfant aura grandi et saura faire les choix qui vont dans le sens du respect de toute forme de vie. Dieu lui a fait le cadeau de lui laisser son libre arbitre. L'enfant, devenu adulte, lui-même créateur divin, n'aura de cesse d'aimer et de protéger la Vie pour qu'elle prospère à tout jamais dans l'harmonie.

L'humain du Nouveau Monde vivra dans l'abondance qui avait toujours été prévue pour lui. Il travaillera pour créer, pour grandir, pour prendre soin, sans jamais s'inquiéter du lendemain. La rareté aura disparu et, avec elle, ceux qui l'avaient instaurée.

« Aimez. L'Univers se chargera de la logistique. »

L'Homme créera par la pensée, l'avenir auquel il a toujours aspiré : vivre au sein de sa famille en toute quiétude, en toute sérénité, sans jamais craindre pour elle, sans jamais douter de la beauté du lendemain, sans jamais douter que le jour suivant apportera avec lui ce qu'il y a de mieux pour tous.

Il aura fallu toutes ces leçons, tous ces faux pas, ces tâtonnements, ces violences et ces souffrances parfois, pour que l'être humain, sorti grandi, prenne les bonnes décisions, adopte les bons comportements, fasse les bons choix que le libre arbitre permettait.

Nous sommes Dieu. Dieu est partout. Il est en chacun de nous et Son Amour infini et inconditionnel va enfin pouvoir s'exprimer sans limites.

Message reçu le 26/10/2020

Renseignements

Pour contacter Valérie, l'auteure :
Email : paramourpourvous.contact@gmail.com
Facebook : Par Amour pour Vous
Instagram : paramourpourvous

Vous retrouverez quelques textes, lus par mes soins et posés sur les notes de Sev Edene, sur ma chaîne Youtube « Par Amour pour vous ».

Pour contacter Encira, artiste peintre :
Email : encira91@gmail.com
Facebook : Encira Slow

Toutes les illustrations sont des tableaux peints sur toile.